LA RIQUEZA DE BLANCA

Magalí Cavagna

LIBERO
GRUPO EDITORIAL

Cavagna, Magalí
La riqueza de Blanca / Magalí Cavagna. - 1a ed. - Ciudad Autónoma de Buenos Aires: Tahiel, 2025.
112 p. ; 23 x 15 cm.

ISBN 978-987-758-858-3
1. Narrativa Argentina. I. Título.
CDD A860

Corrección y maquetación por Alejandra Palopoli
Diseño de tapa por Rabelt Mujica

Directora Editorial
Yanina Orrego

Prólogo

Hablar de dinero nunca fue fácil. Sobre todo para nosotras, las mujeres. Nos enseñaron a callarlo, a temerlo, a esconderlo debajo del colchón como si fuera algo peligroso. "Nos enseñaron a **ahorrar para cuando todo se derrumbe, pero no para cuando todo florezca"**, como dice Magalí en este libro. Y ahí está el punto: nos educaron para sobrevivir, no para elegir.

Este libro viene a mover esa estantería. A recordarnos que el dinero no es un fin en sí mismo, sino una herramienta. Una llave que abre puertas. Un vehículo de libertad que nos permite tomar decisiones desde la dignidad y no desde el miedo.

Porque la independencia financiera no debería ser un acto de rebeldía femenina: debería ser herencia. No la que recibimos, sino la que estamos eligiendo construir para quienes vienen detrás.

Magalí escribe desde la piel, desde la herida y desde la transformación. Tengo el honor de conocerla desde los inicios de su marca personal y al leer su libro puedo ver la fortaleza de una mujer, madre y profesional que ahora elige sabiamente compartir sus aprendizajes para dar apoyo a quienes también se vean reflejadas en estas páginas.

Su historia se mezcla con la de tantas abuelas y madres que guardaron monedas por temor al mañana mientras se olvidaban de invertir en su propio presente. Ellas resistieron. Nosotras estamos llamadas a algo más: a florecer.

Este libro no es un manual frío de números ni una lista de fórmulas mágicas. Es una invitación a mirarte frente al espejo y preguntarte: ¿Desde dónde manejo mi dinero: desde el miedo o desde el deseo?

Si lo hacés desde el miedo, este libro te va a sacudir. Y si ya lo hacés desde el deseo, te va a dar alas.

No se trata de acumular billetes, se trata de recuperar poder. Poder para elegir, para descansar sin culpa, para decir: "No necesito justificarme" y también para decir: "Sí, quiero esto para mí".

La riqueza de Blanca no es solo una historia íntima. Es un manifiesto colectivo. Es la voz de todas las mujeres que nos cansamos de heredar silencios y queremos empezar a heredar posibilidades.

Preparate. No estás por leer un libro sobre dinero. Estás por leer un libro sobre vos. Sobre lo que merecés. Sobre la vida que podés crear cuando dejás de sobrevivir y empezás a florecer.

Sofía Alicio

Mentora de marcas personales

Dedicatoria

A Blanca, que me mostró sin proponérselo que yo sí podía lograrlo.

A Pilar y Jazmín, mis hijas, que son mi motor y mi legado.

A todas las mujeres que alguna vez creyeron que no tenían elección de vida.

Este libro es para nosotras, para honrar a las que vinieron antes, para sostenernos hoy y para que las que vengan después nazcan sabiendo que la libertad no se negocia.

PRIMERA PARTE:

MI HISTORIA Y LA DE MI LINAJE

Capítulo 1

La herencia invisible

Hay herencias que no vienen en sobres ni en escrituras, pero pesan toda la vida.

Esta es la historia de mi abuela. También la mía propia.

Quizás también la tuya, o quizás no. Pero sí la de alguna mujer que conociste o habita a tu alrededor. Porque hay algo que no se puede negar: durante siglos y en la actualidad incluso, el dinero (y las decisiones en torno a él) nos atravesaron y atraviesan el cuerpo, el alma y la vida.

Blanca no solo es su nombre, también el adjetivo que mejor la describe. Sinónimo de pureza, paz, bondad. Su cuna eran apenas unas ramitas frágiles que la sostuvieron durante un corto tiempo. La partida pronta de su papá, una mamá con pocos recursos y tres hermanos más fueron su refugio y realidad.

Le tocó ser adulta siendo solo una niña. No lo eligió ni tampoco fue intencional: el amor no faltó en su vida, pero sí todo lo demás. Y es que en esa época, el precio de ser mujer era muy costoso en una sociedad que no validaba a la mujer en ningún sentido.

La supervivencia era la meta diaria en esa familia formada por una mamá con cuatro cachorros saliendo a la vida.

Así, el destino y una sociedad fría le arrebataron la inocencia y la niñez. Pero eso jamás la condicionó: ella se sentaba, cada día, frente a los escalones de la clínica más grande de su ciudad a fantasear con trabajar allí.

Claro que todo tenía un sentido. En su corazón comenzaba a latir un sueño: ser médica.

El destino, caprichoso como siempre, le permitió cumplir su fantasía, aunque con matices.

Blanca terminó cruzando las puertas de aquella clínica, sí, pero no con bata blanca ni estetoscopio, sino con papeles, sellos y formularios bajo el brazo.

Fue contratada como administrativa.

Nada de bisturíes, nada de diagnósticos, solo la rutina de los turnos, los archivos y las planillas.

Aun así, algo en ella vibraba cada vez que caminaba por los pasillos, cada vez que un médico cruzaba a su lado con paso apurado o una enfermera salía corriendo con una historia clínica entre manos.

Blanca observaba todo.

Sabía de enfermedades, de nombres raros, de protocolos y de emergencias sin haber pisado una sola clase. Aprendía escuchando, mirando, preguntando cuando podía. Como si el sueño de ser médica no se hubiese roto del todo, sino que simplemente se hubiese replegado, como una flor que se cierra al atardecer.

No tenía dinero, no tenía tiempo, no tenía forma. Pero nunca le faltaron ganas.

Algunas veces, en silencio, mientras ponía el sello de entrada a un expediente o archivaba resultados de laboratorio, pensaba: "Si yo hubiera tenido otra cuna…".

No lo decía con rabia, sino con una mezcla de resignación y fuerza. Porque Blanca, aunque le tocaron migas, siempre caminó con dignidad.

Y así pasaron los años.

La mujer que soñó con salvar vidas, terminó siendo esa presencia invisible pero esencial que sostenía el engranaje burocrático de quienes sí llevaban bata.

Nunca se lo reprochó al destino. Al contrario, con el tiempo entendió que la vida no siempre se trata de lograr todos los sueños, sino de seguir adelante sin que esos sueños nos rompan por dentro.

El hospital fue su lugar de trabajo. No como lo había imaginado en aquellos escalones, sino detrás de un escritorio archivando historias que nunca serían la suya. No era la doctora, pero era parte del engranaje. Se volvió imprescindible en silencio, como tantas que sostienen sin ser vistas.

Recuerdo que me contaron que había días en los que Blanca volvía a casa con las manos manchadas de tinta de tanto sellar papeles.

Llegaba cansada, pero igual se sentaba en la mesa y relataba con detalle las conversaciones que escuchaba entre médicos y enfermeras, como si hubiera participado de una cirugía.

Su bata no era blanca, pero su cabeza viajaba siempre a ese lugar. Esa mezcla de realidad y deseo me marcó: incluso cuando la vida no le daba lo que pedía, ella encontraba la forma de estar cerca de eso. Esa constancia, esa resignación con dignidad, se convirtió en un legado silencioso.

A medida que la vida avanzaba, el deber y el amor fueron marcando su camino.

Hijos, rutinas, renuncias cotidianas. Lo urgente desplazó a lo importante. El sueño de ser médica quedó intacto, pero distante, como esas flores que brillan aunque el otoño ya esté en puerta.

No se trataba de falta de ganas ni de inteligencia, sino de tiempo, de oportunidades, de un mundo que no estaba hecho para ella.

En su época, no se trataba solo de querer: había que poder. Y ser mujer, en ese entonces, pesaba más que cualquier vocación.

Las decisiones no siempre pasaban por sus manos. A veces, ni el dinero. A veces, ni la voz.

Sin embargo, sabía de todo. De geografía, de historia, de cocina, de vida. Una sabiduría hecha de observación, de lecturas a escondidas, de mirar el mundo con atención.

Nunca tuvo un título, pero tenía un don que hacía temblar los diplomas ajenos. Sabía curar con palabras, con gestos, con una comida a punto exacto. Su saber era profundo y cotidiano. El que no necesita validación porque se respira.

Y aun así, hoy habita en otra dimensión, sabiendo que hubo un sueño que no se cumplió. No por falta de mérito, sino por falta de puertas abiertas.

Historias como la de Blanca no son excepcionales. Son más bien parte de una trama colectiva que atraviesa generaciones.

Mujeres que soñaron y debieron conformarse. Mujeres que se apagaron un poco para que otros brillaran. Mujeres que, aun sin darse cuenta, abrieron caminos.

No es una historia aislada. No es un caso excepcional. Es un patrón. Es una constelación de estrellas invisibles.

Mujeres que, por generaciones, supieron lo que querían, pero no pudieron acceder a ello.

Mujeres que sostuvieron la vida que les tocó sin cuestionarse el costo.

Mujeres que postergaron sus propios sueños para hacer realidad los de otros.

Blanca representa esa herencia no escrita. Esa cadena de renuncias que muchas han vivido en silencio. Esa fuerza que se transmite sin palabras, pero que marca, que educa, que duele a veces.

Porque la historia de Blanca, sin decirlo, dice mucho más. Habla de una sociedad donde los sueños femeninos tenían precio. Habla de generaciones enteras empujadas hacia los puentes de la resignación. Habla de inteligencia desperdiciada, de vocaciones silenciadas, de todo lo que pudo haber sido y no fue.

Pero también habla de legado. Porque a pesar de todo, algo de esa fuerza se transmite. Algo de su deseo inconcluso prende a quienes vienen después. Como una llama que no se apaga, aunque no se vea.

Y este libro, aunque no lo parezca, también nace de ahí. Porque aunque no crecí en su misma época, sí crecí bajo su misma sombra.

Aprendí a hacer mucho con poco, a priorizar a otros antes que a mí, a callar aunque quisiera hablar.

Lo que heredé no fueron bienes, sino formas de mirar y sentir el mundo. Y eso, también, es dinero.

Nace también de esa llama discreta que ardía en el fondo de sus silencios. De esa voluntad que nunca fue ruidosa, pero sí persistente. No es una deuda con Blanca, ni una reparación histórica.

Es una continuidad. Un gesto. Un intento de nombrar lo que tantas veces quedó sin decir. Un querer darle voz a quienes no pudieron (y aún no pueden).

Porque algo de su manera de mirar el mundo se filtró en quienes la precedimos. En nosotras, su sangre y linaje, mujeres que crecimos sabiendo que los sueños también podían doler si se dejaban para después.

Que concluimos que la inteligencia no siempre garantiza oportunidades.

Que el deseo necesita cuerpo y alma, pero también contexto y sostén.

Blanca nunca lo reclamó en voz alta, pero su ausencia en ciertos espacios gritaba. Y ese grito, disfrazado de cotidiano, se volvió pregunta y sospecha.

¿Cuántas más habrá como ella? ¿Cuántas siguen hoy atrapadas entre lo que quieren y lo que pueden?

Este libro nace de esa pregunta.

De la intuición de que hay algo que necesita decirse y trabajarse con urgencia.

No desde la queja, sino desde la comprensión.

No desde el resentimiento, sino desde la fuerza.

No desde la lucha de egos, sino desde la justicia de sabernos humanos dignos de vivir la vida que deseamos por igual, independientemente del género, edad, lugar de residencia y detalles que nada importan cuando el corazón pulsa por vivir.

Porque no se trata solo de contar lo que no pudo ser, sino de poner en palabras lo que aún puede ser.

Hay una herencia no escrita que no está en los testamentos ni en las cuentas bancarias. Está en los gestos, en los silencios, en las veces que una mujer apretó los dientes y siguió adelante. En los libros que no pudieron leer, en los títulos que no colgaron en su pared, en las decisiones que tomaron por otros olvidándose de ellas mismas por completo.

Y eso se transmite. Se cuela en la sangre, en las formas de amar, de criar, de pensar el trabajo y el deseo. A veces es una intuición vaga. A veces es una rabia muda. Otras, como ahora, se convierte en escritura.

No es una historia sobre Blanca. Es una historia atravesada por ella.

Y quizás, también, por vos.

Hay generaciones que nacen con deudas que no firmaron. Cargas invisibles, expectativas heredadas, patrones que se repiten como ecos familiares y ni siquiera logramos ser conscientes de ello.

Se aprende a cuidar antes que a decidir, a postergar antes que a priorizar, a sostener todo incluso cuando una misma se derrumba.

Todo huele a desgano, a una resignación sutil, casi elegante, como si lo justo siempre fuera para otro y no para una misma.

Pero algo está cambiando.

Hay una incomodidad que se hace sentir.

Un “basta” que no se grita, pero se huele.

Una nueva forma de mirar la vida, el trabajo, el dinero.

Porque, al fin y al cabo, el dinero no va solo de números y cuentas por pagar. Es poder, es tiempo, es empoderamiento. Es la posibilidad de decir “no”, de cambiar el rumbo, de dejar de vivir con el freno de mano puesto.

Y ahí, otra vez, aparece ella.

Aparece el rostro de Blanca recordando el por qué de mis palabras. Vuelve a dejar marca.

A recordar lo que no tuvo, pero sembró.

Vuelve en esa fuerza discreta que ahora pide paso. Porque tal vez llegó el momento de nombrar lo que antes se callaba.

De mirar de frente lo que dolía y decidir que no va a doler igual.

Porque ya no somos las de antes.

Porque las nuevas generaciones merecemos otra forma de vivir.

Y aunque la voz de Blanca me acompaña, también sé que a veces hay que contradecir a quienes amamos para honrar su historia. Yo no quiero que mis hijas hereden silencios, quiero que hereden posibilidades.

La primera vez que me descubrí a mí misma repitiendo esa herencia fue de chica, cuando me enorgullecía de no pedir nada.

Me acuerdo de mirar una prenda que quería y decir: "No, mejor no digo nada". Como si callar un deseo me volviera más fuerte, más digna.

Eso era Blanca en mí: una mezcla de orgullo y miedo.

Con los años entendí que esa actitud era un eco, no una elección consciente. Y cuando me animé a nombrarlo, sentí que empezaba a romper la cadena.

No se trata de revancha. Se trata de conciencia.

De entender que lo que hicimos con nuestro cuerpo, con nuestro tiempo, con nuestra energía y decisiones siempre estuvo mediado por un sistema que nos enseñó a conformarnos.

Que nos dijo que el dinero era cosa de otros, de malos, de unos pocos.

Que callarse era madurar y así nos veíamos mejor.

Que desear era más peligroso que aceptar la ruta de la vida.

Pero ya no.

Ahora, la herencia se transforma.

La memoria hace justicia.

Las historias como la de Blanca ya no son finales tristes, sino puntos de partida.

Son una invitación a mirar adentro. A revisar las reglas que heredamos, las creencias que aceptamos sin cuestionar, las ideas sobre lo que merecemos. No para juzgar a las que vinieron antes, sino para honrarlas haciendo lo que ellas no pudieron.

Porque si algo queda claro es esto: ninguna mujer nace rota. Solo nos enseñaron a rompernos bien.

Ahora va sintiéndose todo mejor.

Ahora que Blanca habló, ahora que ya conozco lo que heredé y que el primer paso está hecho: conocer la historia para no repetirla, levantando la voz por lo que no pudo ser. Pero conocer lo que heredé fue apenas el primer paso.

El verdadero cambio empezó cuando decidí que mi historia no iba a repetirse. Y ahí es donde empieza todo.

Y ahora quiero dejarte una invitación, antes de que sigamos adelante.

Pensá en tu propia historia:

- ¿Qué frases sobre el dinero escuchaste en tu casa?
- ¿Qué actitudes viste en tu mamá, papá, abuelos o tíos que hoy repetís sin darte cuenta?
- ¿Qué silencios heredaste y qué decisiones aprendiste a callar?

Anotalas en un papel. No hace falta que tengan un orden. Solo dejalas salir.

Ese será tu mapa inicial. Porque para construir independencia financiera, primero hay que reconocer las huellas invisibles que cargamos.

Capítulo 2

Las elecciones que marcaron mi camino

Desde chica supe que lo mío no eran las muñecas, no porque no me gustaran, pero algo más llamaba mi atención.

Mis juguetes favoritos eran las calculadoras viejas, los sellos antiguos de mi mamá, cuadernos, un escritorio improvisado y hojas usadas.

Me vestía como si trabajara en una oficina de verdad, me colgaba todos los collares de mi mamá y pasaba horas escribiendo cosas importantes en hojas en blanco y garabateando mi firma por todos lados.

Mi diversión era armar empresas imaginarias y jugar a que tenía clientes. Vendía pulseritas, jugaba al kiosco... Siempre, de alguna forma, el dinero estaba en el centro de todo.

Peleaba con mi papá por acompañarlo al banco. Me fascinaba ver cómo hacía depósitos, cómo los empleados contaban billetes, cómo esas máquinas hacían ruidos cortos al sellar papeles.

Para mí, esos lugares corporativos eran verdaderos parques de diversiones.

Soñaba con ser empresaria. ¿De qué? No lo sabía. Pero sí sabía que quería tener “mi oficina”.

Que la idea de decidir, de manejar, de firmar, de mover papeles importantes, me atraía más que cualquier juego de moda.

En casa nunca faltó nada. No viví carencias visibles. Comíamos bien, tenía la mejor ropa, escuela privada, vacaciones y hasta el viaje de 15 a Disney.

Pero faltaba algo que, con el tiempo, entendí que era fundamental: no se hablaba de dinero. No había conversaciones sobre cuánto costaban las cosas, cuánto se ganaba o cómo se tomaban las decisiones económicas. Al menos, no frente a mí.

O tal vez eran tan cortas que no llegaron a dejar huella. El dinero estaba, resolvía, pero era invisible en las palabras.

Cuando entré en la adolescencia, empecé a sentir que eso no me alcanzaba. No me bastaba con que "no faltara nada".

Yo quería entender. Quería tener lo mío.

A los 19 años me rebelé. Ya estudiaba en la universidad, pero quería trabajar también. No por necesidad, sino porque algo en mí pedía independencia. Porque intuía que el mayor aprendizaje no me lo daría un aula, sino la calle y la experiencia.

Ese deseo de libertad me pasó factura.

Entre clases, trabajo, presión y expectativas, terminé con ansiedad generalizada. El cuerpo me gritó lo que yo todavía no sabía nombrar: no todo se puede hacer al mismo tiempo sin pagar un precio. Pero aún así, seguí.

Recuerdo una noche en particular: eran las cinco de la mañana y yo seguía con los ojos abiertos, repasando mentalmente horarios, materias, gastos. Sentía el corazón como un tambor en el pecho y el estómago como un lavarropas en proceso de centrifugado.

El cuerpo me estaba avisando que algo no estaba bien, pero yo no sabía escucharlo. Ese insomnio y malestar fue mi primera factura.

Enfrenté a mis padres. Les dije que quería valerme sola. Volví a trabajar y empecé a ganar mi propio dinero.

Y ahí pasó algo que no esperaba: no tenía idea de qué hacer con él. Gastaba sin pensar. Compraba ropa, salía, me daba gustos. Lo normal de una jovencita, supongo. Igual no tenía conciencia del valor real de mis ingresos.

Solo sabía que me los había ganado yo, y eso me alcanzaba para justificar cualquier gasto y para alimentar ese ego joven que quería demostrar que podía solventar todo sola. Como si, inconscientemente, estuviera queriendo hacer justicia por todas las Blancas que no pudieron valerse por sí mismas.

Lo más irónico es que mientras tanto estudiaba para ser Contadora Pública. Sabía hacer balances, analizar números ajenos, pero no tenía idea de cómo manejar mi propia plata.

Nadie me lo había enseñado.

Ni en casa, ni en la escuela, ni en la facultad.

Y ahí confirmé algo: la falta de educación financiera no es casual, es estructural. Aunque estemos en el siglo XXI.

Me recibí sin saber armar un presupuesto personal. Sin saber ahorrar, invertir o planificar con criterio mis próximos pasos.

Lo aprendí mucho después, cuando una fuerza inexplicable empezó a decirme: "Los impuestos no te llenan tanto como la contabilidad y las finanzas. Especializate en eso, es por ahí".

Cuando renuncié a mi último trabajo en relación de dependencia, me vi obligada a aprender a manejarme sola. Porque cuando el ingreso fijo desaparece, la gestión financiera deja de ser un concepto abstracto y se convierte en supervivencia pura.

Dejar ese trabajo seguro fue más que una renuncia: fue un salto al vacío con los ojos abiertos. Por primera vez en mi vida no tenía ingresos fijos. No había sueldo, ni aguinaldo, ni bono, ni seguridad. Solo estaban mis ganas, mis números y yo.

Todavía recuerdo el olor a café caliente de la oficina el último día.

Guardé mis cosas y mientras terminaba todo lo del último día de trabajo, veía a mis compañeros seguir como si nada. Me preguntaba si no estaba cometiendo la mayor locura de mi vida.

Pero sentía también una libertad rara, incómoda y deliciosa al mismo tiempo.

Tuve que sostenerme. Literalmente. Calcular, medir, ajustar.

Y sostenerme también emocionalmente, porque no era solo una decisión económica: era una decisión de vida.

Un antes y un después.

Y no porque no tuviera respaldo: mi familia podía ayudarme.

Pero no quería. Me resistía. Otra vez aparecía mi lado justiciero. Otra vez Blanca, recordándome mi misión.

Ahí entendí que todo el conocimiento técnico que había acumulado no servía de nada si no lo pasaba por el cuerpo. Si no era capaz de aplicarlo a mi propia historia. Si no podía transformarme primero yo, antes de pretender guiar a otras.

Empecé a hacerlo desde la práctica. Desde el error, la prueba y la corrección.

Aprendí a sostenerme con lo que generaba, a planificar, a invertir, a construir con conciencia.

Y con cada paso, se iba dibujando algo más grande.

Había una pulsión que no se apagaba: compartir este camino.

Evitar que otras mujeres llegaran a cierta edad o a ciertos momentos vitales sin saber cómo sostener su vida.

Convertir mi historia en espejo, en impulso, en red para que no existan más Blancas.

No fue un plan estratégico ni un PowerPoint armado en un coworking.

Fue un grito. La necesidad de darle nombre y forma a una historia que me estaba desbordando.

Así, en 2023, nació mi marca personal. No como un proyecto más, sino como una necesidad vital. Como la respuesta a todo lo que me había pasado.

Como un acto de justicia para Blanca, para mí y para todas las que siguen sin poder decidir porque nadie les dio las herramientas.

Porque ninguna mujer debería vivir la independencia financiera como un acto de rebeldía. Debería ser parte de su herencia. Esa herencia que sí conocemos. Y si no nos la dieron, la construimos. Desde el cuerpo, desde el número, desde la voz.

Mi marca no nació como estrategia ni por necesidad inmediata. Nació como consecuencia.

Como el resultado lógico de una historia vivida a flor de piel. Fue la forma de ponerle nombre a todo lo que había callado. De transformar el caos en posibilidad, el miedo en acción.

No es solo contenido, ni asesoramiento, ni consejos.

Es una invitación a mirar el dinero desde otro lugar. A quitarle el velo, a romper con la vergüenza y el tabú.

A desafiar creencias heredadas.

A entender que administrar, planificar, invertir y decidir sola no es egoísmo: es libertad. Y que esa libertad también se aprende.

Porque si yo, que podía hacer balances para grandes empresas pero no sabía cuánto gastaba en ropa, pude reconstruirme desde la conciencia, entonces cualquiera que tenga compromiso y voluntad también puede hacerlo.

No con fórmulas mágicas ni frases de taza, sino con foco, herramientas, decisión y seguridad.

Mi marca es el punto donde se encuentran todas: Blanca, yo, vos y cada mujer que alguna vez sintió que el dinero decidía por ella.

Es el espacio donde la educación financiera deja de ser exclusiva de expertos y empieza a ser cosa de personas reales, con historias reales, que deciden tomar el control.

Ese fue mi paso más importante: darme cuenta de que no hacía falta ser perfecta, millonaria ni gurú.

Solo hacía falta ser honesta conmigo misma y con mis valores. Y estar dispuesta a compartir el camino. Porque el dinero no debería ser un tabú, sino una herramienta. Una herramienta que todas sepamos usar bien.

Porque del aire no se vive, aunque muchas veces nos lo quieran hacer creer.

Y porque si nadie me enseñó, elijo ser yo quien ahora enseña.

Este libro es el comienzo.

Ejercicio: Tu decisión bisagra

Pensá en una decisión que hayas tomado con respecto a tu dinero (un trabajo que aceptaste, una compra que hiciste, un cambio de carrera).

- ¿Qué sentías en ese momento?

- ¿Qué aprendiste después?

- ¿Qué huella te dejó esa decisión en la forma en que ves hoy el dinero?

Anotalo. Esa es tu propia “decisión bisagra”.

Capítulo 3

Maternar con números en la cabeza

Yo ya había creado mi marca personal. De hecho, la misma nace desde el deseo genuino de ser madre y tener tiempo de calidad y presencia cuando yo lo decida.

Me agotó pensar que estamos en una sociedad que no concilia el trabajo con la maternidad. ¿Cuántas veces has tenido que mandar a tu hijo enfermo al jardín porque debías trabajar y no tenías quien lo cuide? Podría hacer un libro aparte de lo que siento sobre este tema. Un tema que me interpela muchas veces.

Siento que la mujer tiene cada vez menos apoyo para ser madre y profesional: menos red, menos posibilidades laborales y económicas, menos comprensión, menos empatía en pos de una vida que llega al mundo.

Volviendo a ello, tenía un negocio con un propósito, una comunidad pequeña pero creciendo día a día, una misión clara: acompañar a mujeres a tomar las riendas de su economía, de sus decisiones, de su vida. Me sentía lista, construida, fuerte. Y como todo lo planificaba, también planifiqué mi maternidad.

O eso creía.

Sabía que quería ser mamá. Nunca lo dudé. Desde pequeña, dentro de mi definición de éxito visualicé una familia. Y cuando llegó el momento, me preparé como lo había hecho con cada proyecto: con planificación, con presupuesto, con objetivos.

Proyecté ingresos, organicé mi licencia, armé un cronograma para sostener el negocio durante los meses que estuviera ausente e incluso diagramé un plan de marketing para no desaparecer del todo de mi comunidad.

Creí que tenía todo bajo control. Que mi planificación financiera iba a protegerme del caos. Que esa etapa iba a estar ordenada.

Pero la maternidad me enseñó, como cada día, rápido y sin anestesia, que hay momentos de la vida en los que no se trata de controlar, sino de sostener y aceptar.

Porque al mes de embarazo, el universo me dio una sorpresa: no venía una vida en camino, venían dos.

Mellizas.

Nunca lo había imaginado. Nunca lo había incluido en mis cálculos exhaustivos que mi cabeza había hecho durante noches enteras. Y sin embargo, ahí estaban: dos corazones latiendo en mi vientre. Dos personas creciendo al mismo tiempo. Dos nuevos proyectos que venían a desordenar todo lo que yo pensaba que tenía en orden.

Ese fue mi primer gran aprendizaje: cuando la vida se multiplica, el tiempo se divide.

Todo lo que había hecho comenzó a tambalear. Pensaba trabajar hasta cierto mes, pero la realidad de llevar dos bebés dentro del cuerpo me obligó a frenar antes de lo previsto. El cansancio era diferente. La demanda física, otra. Y sobre todo: estaba sola. Sin equipo. Sin sostén. Mi negocio dependía exclusivamente de mí.

Tuve que cerrar la agenda antes. Dejar de generar. Ajustar. Y empezar a vivir de lo que había proyectado como "licencia". Un fondo que, a decir verdad, no era tan robusto como me hubiese gustado. Pero era lo que tenía. Y con eso debía sostener no sólo mis gastos personales, sino también la vida que se venía.

Recuerdo abrir mi calendario de Google y empezar a contactar clientes para cancelar o reprogramar sus sesiones.

Cada conversación era un golpe en el pecho y en la autoestima. No estaba cancelando reuniones, estaba borrando ingresos que aún no sabía cómo iba a reemplazar.

Por suerte, una economía familiar sostiene y salva el proceso, pues nunca estuve sola. Pero mi cabeza me repetía una y otra vez: "Tenés que ser independiente, si pasa algo, ¿qué pasa con vos? ¿con tus hijas? ¿con tu casa? ¿con la vida misma?".

Cuando creí que lo más difícil era sostener mi negocio sin trabajar y mi cabeza juiciosa que me pedía el control absoluto de todo, la vida volvió a ponerme a prueba.

Mis hijas nacieron antes de tiempo. Prematuras. Tuvieron que estar internadas trece días en neonatología. No fue una eternidad, pero fueron los trece días más largos de mi vida. Porque quien es mamá, familiar o cercano de un bebé prematuro sabe que la única certeza es que no hay certezas.

Ellos ingresan un día pero jamás sabés cuándo vas a salir de ahí con tus cachorros a casa. No era una jugada médica, es un "depende de cómo avancen" las bebés cada día.

Eso implicó quedarme en otra ciudad, alquilar un departamento cerca del hospital, recién operada, hacer frente a gastos de movilidad, alimentación, estadía, medicación.

Ninguna de esas cosas estaba en mis proyecciones. Ninguna en mi Excel. Ninguna en mis "escenarios posibles". Pero pasaron. Porque eso también es parte de la maternidad y la vida misma: lo imprevisible.

Cada mañana entraba a esa sala con olor a alcohol y máquinas que pitaban sin parar.

Mis manos temblaban cada vez que apoyaba la palma en la incubadora. Mirarlas ahí, tan pequeñas y frágiles, fue el recordatorio más brutal de que la vida no entra en ninguna proyección de Excel.

Entre la angustia, el miedo y la necesidad, entendí que lo que me faltaba no era solo un fondo para licencia. Lo que me faltaba era un **fondo de maternidad**. Un concepto que nadie me enseñó y que yo misma "construí". Porque nunca lo leí en ningún manual financiero. Ni en la facultad ni en las mil capacitaciones que tomé. Tampoco se incluye en las planillas de proyección. Pero debería estar ahí.

Un fondo de maternidad no es solo dinero para cubrir los meses en los que no facturás. Es un colchón para lo imprevisto: una internación, una cesárea de urgencia, una complicación médica, un cambio de planes, una medicación cara, una mudanza temporal, una terapia para atravesar el miedo. Hasta asegurarte dos años de leche y pañales si querés verlo así. Es dinero, sí, pero es también contención y descanso para la mamá... Es margen, básicamente.

Lo más duro fue que, después de todo eso, no pude darme el tiempo que necesitaba para volver. Porque mi cuerpo necesitaba descanso. Porque atravesé una depresión posparto que me vació por dentro. Pero aún así, tuve que regresar.

Porque no tenía ingresos recurrentes. Porque el sistema no espera. Porque no quería depender de nadie. Una vez más, siendo terca frente a una ensalada hormonal explosiva, o quizás, la leona por dentro recién parida queriendo hacer justicia por Blanca.

Volví de a poco, con lo que podía, respetando mis tiempos en la medida de lo posible. Necesitaba sentirme útil frente a la sociedad. ¿Por qué? Si debería únicamente haberme importado ser sostén y mundo para mis bebas.

Pero los condicionamientos y mis propias creencias me llevaron al extremo. Ahí lo entendí más que nunca: ninguna mujer debería volver a trabajar por necesidad si aún no está lista emocional, física o psicológicamente, luego de atravesar uno de los proyectos que te cambia la vida por completo: dar vida. No es justo. No es sano. No es sostenible. Blanca nuevamente en mí. Ella no pudo descansar y yo ahí queriendo repetir la historia cuando mis condiciones fueron diferentes.

Mi marca personal, la que había construido con tanto amor, no me abandonó. Al contrario. Me sostuvo y volvió diferente. Con mucha más fuerza, conexión y resiliencia.

Tal vez vos también hayas sentido esa sensación de desborde donde el cuerpo te pide frenar, pero la cuenta bancaria te empuja a seguir. Que maternar y sostener un negocio parece una tarea imposible.

Si es así, quiero que sepas que no estás sola: tu cansancio y tu miedo son válidos y merecen ser tenidos en cuenta a la hora de planificar tu economía.

Mi marca se llama **Maga Cavagna** y nació con la misión de ayudar a otras mujeres a tomar el control de sus finanzas, romper con creencias heredadas y construir independencia financiera con herramientas reales y sin tanto tecnicismo.

¿Cómo empezó? Con lo que tenía: una notebook, un celular, conexión a internet y muchas ganas.

La infraestructura inicial era mínima, pero el compromiso, enorme. Mis primeras "oficinas" fueron mi cocina y mi living. Luego pude trasladarme a un espacio de la casa que lo adapté para trabajar sola y sin las interrupciones del hogar.

Lo positivo: independencia de horarios, libertad para elegir proyectos y clientes, crecimiento personal y la posibilidad de alinear mi trabajo con mis valores.

Lo negativo: ingresos inestables, desgaste por la exposición constante y la necesidad de aprender a gestionar absolutamente todo, desde la facturación hasta el marketing.

Comparar a la Magalí empleada con la Magalí emprendedora es ver dos mundos distintos: en relación de dependencia, la seguridad del sueldo fijo, pero poco margen de decisión; como emprendedora, incertidumbre de ingresos, pero la posibilidad de diseñar mi vida.

Aprendí a poner precio a mi trabajo, a invertir en mí y a cuidar mi energía. También entendí que el empoderamiento del dinero es verlo como herramienta para elegir, no como un fin en sí mismo. El empoderamiento financiero no se trata de acumular, sino de administrar con conciencia, destinar a lo que de verdad importa, priorizar y dejar de vivir con miedo al gasto o al cambio.

Frente a todo esto, una catarata de consejos daría hoy mismo, como mi propia maestra, a quien desee emprender.

Creá un fondo de emergencia desde el día uno.

No aceptes todos los proyectos por miedo a no tener ingresos. Te juro que todo llega al que sabe esperar.

Separá siempre cuentas personales de las del negocio, empezá desde el principio que después se hace más difícil construir el hábito.

Construir red de apoyo antes de necesitarla. Nadie puede solo en esta vida.

Trabajá tu relación con el dinero porque esta cambia profundamente cuando pasás de empleada a emprendedora. Dejás de recibirlo de forma automática y empezás a crearlo, cuidarlo y multiplicarlo. Esa transformación es exigente pero también profundamente liberadora.

Aprendí muchas cosas en este camino.

Que planificar no es garantizar el control, pero sí da margen de respiro; que un fondo de maternidad debería ser parte de cualquier planificación emprendedora; que maternar y sostener un negocio a la vez es posible, pero no sin red, herramientas y consciencia; que el cuerpo habla, y si no lo escuchamos, grita; que ninguna mujer debería sentir culpa por necesitar ayuda, tiempo o dinero.

Y sobre todo, que hablar de estos temas no es una debilidad, es una necesidad.

Porque cuando me abrí a contar mi historia, fue un abrazo en medio de una noche fría para muchas otras mujeres que se están debatiendo este aspecto de su vida.

Porque si el dinero es poder, entonces tener recursos para maternar sin miedo también es una forma de empoderamiento. Y si el trabajo que hacemos en este mundo vale, entonces también vale el trabajo invisible de parir, criar, sostener y seguir.

Este capítulo no se cierra. Porque todavía lo estoy viviendo.

Y creo que es el único que viviré toda mi vida.

Pero si vos estás leyendo esto, y estás soñando con maternar, o estás en pleno puerperio, o fuiste un poquito de mi versión en tu pasado, quiero decirte: ser madre no debería implicar elegir entre cuidarse y sobrevivir.

Porque el trabajo más importante del mundo no puede seguir siendo el más invisibilizado.

Porque criar no debería empobrecernos ni ponernos en vulnerabilidad máxima.

Porque merecemos descansar sin culpa, sanar sin prisa y volver cuando estemos listas.

Si el sistema no contempla la vida, lo rediseñemos.

Si nadie nos habló de esto antes, lo hablemos ahora.

Con números. Con cuerpo. Con voz.

Porque ya no estamos solas.

Porque debería estar penado por ley que una mujer recién parida sea juzgada, maltratada, obligada a hacer lo que su cuerpo, sus emociones, su ser aún no pueden.

Un hijo se pare una sola vez en la vida, ¿por qué tanto apuro, tanta soledad, tanto castigo?

Y porque además, un fondo de maternidad no es un lujo: es justicia.

Por Blanca.

Por mí.

Por vos.

Y por todas las que vienen.

Hallanemos caminos.

Que el dolor de otra jamás sea en vano.

Ejercicio: Tu fondo invisible

- Pensá en una etapa de tu vida que pueda exigirte parar (maternidad, mudanza, viaje).

- Calculá cuánto dinero necesitarías para cubrir al menos 3 meses de gastos sin trabajar.

- Empezá a separar aunque sea un pequeño porcentaje cada mes en un “fondo invisible”.

- Nombralo: Fondo de maternidad, de descanso, de sanación. Lo que resuene con tu historia.

La clave no es el monto inicial, sino el acto consciente de cuidarte a vos misma en los momentos más vulnerables.

SEGUNDA PARTE

EL MÉTODO DE LOS 6 PASOS PARA LOGRAR INDEPENDENCIA FINANCIERA

Capítulo 4

El ahorro extremo no te salva, te condena

Durante muchos años, creí que ahorrar de forma extrema era sinónimo de madurez.

Como si al evitar cualquier gasto que no fuera estrictamente necesario estuviera haciendo "lo correcto" y siendo un ejemplo para alguien, aunque no supiera bien para quién.

Quizás para mi familia, para mis lealtades, para mi conciencia o para un mix de todo eso.

Vivir con lo mínimo me daba la sensación de que estaba a salvo, que era responsable, que estaba preparada para absolutamente cualquier cosa que se presentara en la vida. Era como tener un escudo invisible: yo no gastaba, por lo tanto, estaba "protegida".

Y durante un tiempo, ese sistema funcionó. Funcionó como refugio, como armadura. Hasta que dejó de servirme.

Hasta que me di cuenta de que, en nombre del "buen manejo del dinero", me había olvidado de mí, de mi disfrute y de mi merecimiento personal.

No se trata solamente de cuánto guardás, sino de para qué lo hacés. De qué estás sosteniendo cuando decidís no gastar.

Y sobre todo, de a quién estás escuchando cuando tomás esa decisión.

Yo, durante muchos años, escuché y vi a Blanca.

Blanca es esa voz que me acompaña desde siempre.

No nació conmigo, pero la heredé. Es un eco de mi linaje, de una historia de resistencia, de cuidado desde la escasez. La tengo presente, sentada en la mesa de la cocina, contando billetes con una mezcla de tensión y concentración.

Recuerdo sus consejos para no desperdiciar comida ni nada que pudiera hacerle falta a otro. Incluso su regla de oro: nunca decir "no me gusta" un plato, sino "estoy satisfecha", porque había gente que no tenía nada qué poner en la mesa.

Blanca me enseñó a estar atenta, a tener miedo de lo imprevisto, a pensar tres veces antes de gastar, a recortar antes de expandirme, a contenerme.

No lo hizo con maldad. Lo hizo para cuidarme, porque para ella, sobrevivir en una sociedad que le había dado la espalda ya era una hazaña.

Cuando venís de generaciones de mujeres que no conocieron otro camino, ahorrar parece el acto más revolucionario del mundo.

Crecí creyendo que ese era el único camino. Desde chica, ahorrar era mi pequeña forma de control.

Guardaba monedas en una latita, juntaba vueltos, me guardaba a mí misma. Mientras otras soñaban con lo que querían comprar, yo pensaba en lo que debía guardar. Me daba orgullo no necesitar, ser "madura", no dar trabajo con el dinero.

Blanca aplaudía desde adentro. Yo aprendía a obedecer ese patrón como si fuera una verdad absoluta.

Ya adolescente, me volví experta en evitarme en todos los sentidos. Si me daban plata, gastaba lo mínimo y el resto lo escondía. Me sentía poderosa cada vez que no pedía, que no usaba, que no deseaba, que no molestaba.

Pero en el fondo, no era poder: era miedo. Miedo a que algo pasara y me quedara sin nada, miedo a no estar a la altura, miedo a no ser suficiente. Era una limitación disfrazada de virtud.

Cuando empecé a trabajar, llevé todo eso al extremo. Ganaba poco, pero cuidaba cada peso como si se me fuera la vida en ello.

Me privaba de ropa, de salidas, de cursos que deseaba hacer, de regalos para mí misma. Trabajaba ¿para qué? Si no me permitía disfrutar lo que ganaba, ¿cuál era el sentido de tanto esfuerzo?

Mientras mi entorno disfrutaba, yo apretaba el puño sobre mi billetera con mucha culpa y sin saber bien por qué. No sabía que me estaba haciendo daño.

Solo seguía el guión que había heredado: "Ahorrar es lo correcto, gastar hoy es lamentarlo mañana. Ser buena mujer es saber administrarse bien, es ser la que puede con todo, la que no necesita a nadie".

Incluso cuando empecé a ganar más, el patrón seguía. Sabía en la teoría que disfrutar no era pecado pero me costaba aplicarlo.

La culpa aparecía rápido: "Eso podrías haberlo guardado", "No era momento", "Te desorganizaste".

Hasta que llegó la maternidad. Ahí, todo se rompió y puedo jurar que volví a nacer.

El embarazo de mellizas me obligó a parar antes de lo previsto, sin equipo, sin sistema, sin un plan para cubrir la magnitud de lo que se venía. Las niñas nacieron prematuras, con internación, gastos inesperados, tiempo y energía que no figuraban en ninguna de mis planillas.

Y por primera vez sentí que ese ahorro, construido con tanto esfuerzo, no me alcanzaba. No porque el número fuera chico, sino porque estaba cargado de miedo y tensión. Era un fondo que no traía paz, solo acumulaba cansancio.

Ese fue mi quiebre.

No estaba cansada de ser madre, ni de trabajar. Estaba cansada de vivir conteniéndome.

Cansada de esa exigencia invisible que me decía que tenía que poder sola.

Cansada de postergarme siempre.

En medio del caos, las hormonas y el posparto, me hice una pregunta que me cambió para siempre: ¿y si empezás a ahorrar para vos y no contra vos?

Esa frase abrió una puerta enorme. Empecé a **presupuestar el placer**. A incluir en mis números una línea que dijera: "Esto es para mí". Y descubrí que el disfrute no es un desvío del plan, sino parte del mismo.

Pequeños gestos me lo confirmaron: comprarme un perfume sin excusa, pagarme un café en una cafetería linda y sentarme sin mirar la billetera, inscribirme en un curso que deseaba desde hacía meses. Todo eso era mucho más que un gasto: era un recordatorio de que yo también importaba.

Que vivir con culpa es mucho más caro que cualquier café, curso o perfume. Que el dinero que no se disfruta en vida es un dinero que pierde sentido.

Mi marca personal, **Maga Cavagna**, también se transformó.

Ya no solo hablaba de cómo ahorrar o invertir, sino de cómo hacerlo con propósito.

Entendí que el empoderamiento del dinero no es tener más, sino usarlo como herramienta para decidir, para elegir desde la libertad y no desde el miedo.

Que ahorrar no es sinónimo de privarse, sino de reservar recursos para lo que realmente importa.

Aprendí que en relación de dependencia es más fácil caer en la ilusión de que el sueldo fijo nos "respalda" y que, como emprendedora, la relación con el dinero se vuelve mucho más consciente porque cada peso o dólar lo generás vos.

También aprendí que si no definís objetivos claros, podés pasarte la vida guardando para un futuro que nunca llega y perder el presente.

Hoy sigo ahorrando, pero con una hoja de ruta distinta: ahorro para invertir, para crecer, para darme libertades.

Ya no ahorro desde el deseo de justicia por Blanca, sino desde mi propio deseo de vivir en paz.

Blanca sigue ahí, me mira, a veces me advierte, pero también sonríe cuando me ve invertir en algo que me hace bien. "Hoy te toca a vos, Magalí", parece decirme. Y esa frase me da permiso.

Blanca sigue ahí, me mira, a veces me advierte, pero también sonríe cuando me ve invertir en algo que me hace bien.

Ella sabe que ya no quiero más mujeres como las de su generación: agotadas, postergadas, creyendo que cuidarse a sí mismas era egoísmo.

Ahora sé que cerrar el ciclo del ahorro extremo no significa dejar de ser responsable, sino dejar de vivir en guerra con vos misma. Y que esa guerra la ganamos cuando entendemos que nuestro dinero es una herramienta para expandirse, no solo para resistir.

Ese cambio me abrió la puerta a un mundo que antes veía lejano: el de la inversión. Porque entendí que el dinero no solo se guarda: se multiplica, y que ese salto es el verdadero camino hacia la libertad.

Si vos también creciste con una voz interna que te dice que gastar es peligroso, que ahorrar es tu única salvación, quizás este sea tu momento para preguntarte: ¿para qué estoy ahorrando? ¿Es para sostener mi vida o para sostener mi miedo?

Si es lo segundo, entonces te merecés otra forma.

Esta etapa de mi vida cierra acá, con la Magalí que resistió, que se cuidó, que postergó y se hizo fuerte.

Fue necesaria.

Pero ahora empieza otra versión: la que se expande, invierte y disfruta.

La que sabe que un método financiero no sirve si no contempla tu vida real.

La que entiende que el dinero que se guarda con amor se multiplica distinto.

Blanca, desde algún rincón de mi historia, aplaude.

Y yo, desde acá, te invito a que vos también lo hagas.

Ejercicio: Tu vínculo con el ahorro

Tomá papel y lápiz y respondé con sinceridad:

1. ¿Qué cosas dejás de hacer o disfrutar por miedo a gastar?

2. ¿Te sentís culpable cuando gastás, incluso si podés pagarlo?

3. Pensá en la última compra que hiciste para vos sola, sin culpa. ¿Cuándo fue? ¿Qué sentiste?

4. ¿Sentís que merecés disfrutar de tu dinero o solo lo usás para cubrir obligaciones?

Ahora, escribí una lista de 3 cosas pequeñas que podés permitirte esta semana sin culpa. No tienen que ser grandes, pero sí significativas. El objetivo es empezar a ver el ahorro como propósito y fin para cumplir tus sueños, y no como un castigo.

No lo leas y sigas de largo. Hacelo ahora. Te prometo que el solo hecho de escribir estas respuestas puede abrirte un cambio enorme en tu manera de ver el dinero.

Capítulo 5

Tenés dinero ¿y ahora qué?

Contrario a lo que muchos creen, siempre me costó ganar dinero.

Crecer con esa sensación de "a mí me cuesta" no es solo una idea: se vuelve un lente. Mirás oportunidades y ves obstáculos; mirás resultados y pensás "tuve suerte". Ese lente, si no lo nombrás, te roba potencia.

Y no es que me costaba porque no trabajaba, sino porque, durante años, cargué con la creencia de que generar mucho era para "otros". Que si una como yo lo lograba, era un accidente feliz, una suerte temporal, algo que se podía esfumar como la silueta de un barco en el horizonte, tragada por la niebla.

Esas creencias no suenan en voz alta, pero operan como un programa en segundo plano porque te sabotean suave. Te hacen aceptar menos o trabajar más para "compensar" el supuesto accidente.

Que tener ingresos grandes o sostenidos era según yo privilegio de los ricos, de los que habían nacido en otra clase social, de los que tenían "algo más".

Yo no sabía bien qué era ese "más", pero sentía que a mí me faltaba.

Ese "algo más" lo imaginaba como contactos, apellido, suerte. Hoy sé que, en gran parte, ese "más" es orden: hábitos, organización, reglas claras para sostener lo que entra.

Incluso cuando me independicé, cuando el dinero empezó a entrar con más frecuencia y en montos más altos que nunca, sentía una mezcla de culpa y miedo atroz a perderlo.

Recuerdo mirar el homebanking y sentirme impostora: "¿Y si esto no es real? ¿Y si mañana desaparece?". El cuerpo no celebraba: se tensaba. Ese fue mi primer indicador de que me faltaba colchón emocional para avanzar.

Porque actuaba como si no pudiera sostener lo que había construido. Como si fuera demasiado para mí.

Y ahí estaba Blanca, firme, cuidando, vigilando.

Señalando cada billete que entraba como si fuera el último. Reforzando esa idea interna de que "una buena mujer" no se permite ganar tanto o al menos no se permite usarlo como quiere.

Que si se te escapa un poco, si lo disfrutás demasiado, lo vas a pagar caro.

La escuchaba y me ordenaba, pero también me achicaba. Honrar no es copiar. Hoy entiendo que puedo agradecer su prudencia sin repetir su miedo.

No es culpa de Blanca. A ella le enseñaron que esa era la única forma de pensar. A mí me toca ampliar el mapa: sumar cuidado y también expansión, prudencia y también propósito.

Creía que ganar mucho era sinónimo de ser rica. Y que ser rica era algo que se notaba, algo que otros te señalaban, algo que te volvía culpable e inalcanzable.

Me costó entender que el verdadero éxito no está en la cifra puntual de un mes, ni en facturar por facturar.

El verdadero éxito, el que te da libertad, está en que tus ingresos sean recurrentes, sostenibles y tu negocio sea rentable.

Que no te explotes. Que no termines agotada. Que no vivas haciendo malabares entre el *burnout* y el descontrol financiero. Que lo que generes tenga sentido, dirección y, sobre todo, una estructura que lo cuide.

Porque ganar no es garantía de nada. Tener dinero, si no sabés cuidarlo, es como tener una planta que no sabés regar. Te ilusionás cuando brota, pero se te seca en las manos.

Y eso me pasó. Varias veces.

Recuerdo mi último trabajo en relación de dependencia. Tenía un sueldo fijo que entraba siempre el mismo día, con la misma cifra, sin más. Esa estabilidad me daba calma, pero también me dormía en los laureles.

No necesitaba pensar demasiado en cómo distribuirlo porque, de alguna manera, ya estaba todo destinado: gastos fijos, gustos, ahorro.

La ilusión de estabilidad me anestesiaba la estrategia: si "alcanza", no lo miro. El problema aparece cuando la realidad cambia.

En cambio, cuando me volví autónoma y llegaron mis primeros meses "buenos", sentí que me habían cambiado las reglas del juego sin darme el manual.

Hubo un mes que fue mi "explosión interna": cerré cinco clientas grandes en menos de quince días. Fue en época de elecciones donde todo el mundo estaba desesperado por saber qué hacer con el dinero.

El primer pago de una clienta me hizo sonreír como hacía años no lo hacía. Me acuerdo miré el marco de mi puerta color verde dólar y lo toqué como si tocara el cielo.

El segundo me hizo pensar que tal vez podría darme un gusto.

Pero... El tercero me hizo entrar en pánico. Sí, pánico. Porque no tenía un sistema para manejar ese volumen de dinero y tampoco de exigencia.

En mi cabeza, más ingresos significaban más riesgo, más impuestos que pagar y toda la lata.

La sensación era parecida a la de estar sosteniendo un montón de platos de porcelana: todos lindos, todos valiosos, pero sin tener dónde apoyarlos.

Ese día entendí que el problema no era "demasiado dinero", era demasiado dinero sin contención: cuentas, reglas, prioridades, calendario de pagos, agenda de trabajo y descanso.

Nadie me había preparado para eso. Todo lo que sabía era cómo resistir. Cómo achicarme. Cómo sobrevivir. Cómo guardar. Pero no cómo vivir con abundancia sin sentir culpa. No cómo organizar ese flujo nuevo.

Y entonces, a veces me excedía. A veces me paralizaba. A veces congelaba la plata como si fuera una bola de nieve. A veces la gastaba en cosas que no me llenaban. Me inscribía en cursos, membresías, programas que "me iban a llevar al siguiente nivel", pero en el fondo eran intentos de llenar un vacío de dirección que no tenía ni encontraba.

La abundancia sin guión se convierte en dispersión: "Hacer por hacer" para calmar la ansiedad.

El foco vuelve cuando aparece un para qué.

Blanca, en el fondo, estaba desbordada con la situación.

Era como si, al no saber cómo manejar el crecimiento, ella volviera a activar el modo emergencia.

Todo era una amenaza: "¿Y si esto se termina?", "¿Y si el mes que viene no entra nada?", "¿Y si te equivocás y te fundís?".

Cada vez que hacía una compra importante, ella se prendía fuego. Y yo, sin un plan, terminaba escuchándola.

Fue ahí donde entendí el segundo gran paso de la independencia financiera: **el cuidado del dinero**.

Generarlo es una habilidad. Cuidarlo, otra completamente distinta.

Cuidarlo no es guardarlo bajo el colchón. Ni es controlarlo con miedo.

No es vivir con el Excel en la mano constantemente tampoco.

Cuidar el dinero es saber darle dirección y estrategia. Por eso me autodefino como estratega financiera bajo tres principios de cuidado: **Dirección** (para qué va cada centavo), **Ritmo** (cuándo se mueve) y **Límites** (cuánto es suficiente).

Es mirar tus números y entender que no alcanza con que entren muchas cifras. Todo tiene que tener destino, función, equilibrio. Tiene que poder sostener tu vida, tu deseo, tu estructura y tu futuro. No la del vecino o tu colega.

Y para eso, empecé a crear sistemas pidiendo ayuda.

Planillas, porcentajes, cuentas diferentes.

Empecé a trabajar un gran objetivo que aún sigo: armar fondos no solo de emergencia, sino también de disfrute, de inversión, de formación. Fondos que la teoría jamás me enseñó, pero que la vida me obligó a crear.

Empecé a entender que cada billete que entra tiene un propósito que yo puedo elegir.

Ya no vivo al día, pero tampoco vivo en parálisis.

Mi regla madre: primero me pago a mí (futuro, disfrute, formación), después pago al negocio y al resto. Si me olvido de mí, el negocio me devora.

Aprendí algo poderoso también: cuando el dinero entra y no tenés claridad, se va. El desorden no es inocente. El caos financiero personal desgasta.

A veces el dinero se va en tonterías, otras en cosas importantes que no decidiste vos. A veces se va a resolver cuestiones que podrías haber prevenido. Otras, en recompensas que no compensan nada y solo disfrazan alguna carencia más emocional que real.

Ganar dinero sin estructura es como construir una casa sin cimientos. Parece fuerte, pero se cae con el primer viento.

Un viento será siempre el mismo: impuestos, imprevistos, caídas de venta. La diferencia es si te encuentra con cimientos o con paredes pintadas.

Hoy, después de equivocarme, de desorganizarme, de frenarme mil veces, de escuchar a Blanca gritar en mi cabeza, puedo decir que tengo otra relación con el cuidado del dinero.

No perfecta, pero distinta.

Hoy sé que lo que entra tiene valor no por su cantidad, sino por lo que puede crear.

Sé que ahorrar sin dirección es tan peligroso como gastar sin control.

Sé que no necesito hacerlo todo sola y por eso empecé a formar equipo lentamente. En el negocio y en mi vida también.

Sé que el dinero puede fluir sin tanto esfuerzo, dolor y más bien planificación y disfrute.

No lo tengo que atrapar ni perseguir. Lo tengo que generar y sostener.

Generar es producir valor. Sostener es protegerlo con reglas, límites y descanso. Una sin la otra te quiebra.

Sostener significa preguntarme antes de cada decisión: ¿esto me acerca o me aleja de lo que quiero construir?

Sostener es revisar mi rentabilidad, no solo económica sino emocional y energética.

¿Este ingreso me nutre o me destruye? ¿Esta actividad me expande o me ahoga?

Sostener es elegir qué conservar y qué soltar.

Es respetar mis límites.

Es tener claro qué necesito para vivir bien y diseñar mis ingresos en torno a eso, no al revés.

Es elegir qué batallas quiero librar.

Y esto, aunque no lo creas, es libertad.

Saber sostenerte es dejar de vivir al borde del abismo. Es dejar de hacer malabares con la cuenta bancaria. Es vivir con la certeza de que tu economía es tu aliada y no un campo de batalla.

Porque una mujer que sabe sostener su dinero es una mujer que puede proyectar. Que puede decir que sí o que no desde el deseo, no desde la obligación. Que puede cuidarse y cuidar a otros sin desbordarse. Que puede armar un futuro sin hipotecar el presente.

Y Blanca, esa que me habitó desde siempre, esa que se hizo fuerte en la escasez, ahora me mira de otra forma.

A veces reniega. A veces duda. Pero también empieza a descansar.

Porque sabe que ya no todo depende del miedo. Que ahora hay estructura.

Que no todo se va a descontrolar si bajo la guardia. Que puedo sostenerme desde un lugar más amable.

La imagino acomodando su billetera y diciendo: "Ahora sí entiendo para qué". Y yo le respondo: "Para vivir mejor, no para temer menos".

Esta segunda gran etapa se trata de eso: aprender a sostenerte financieramente cuando ya saliste del ahorro extremo y empezaste a generar dinero.

No te saltes este paso.

No corras a invertir o multiplicar sin antes ordenar lo que ya lograste. Porque lo que no se cuida, se cae.

Y vos no viviste todo en vano y con el destino de desarmarte.

Ahora, que sabés generar y cuidar tu dinero, aparece el tercer gran obstáculo: las deudas.

Sí, esas que arrastramos en silencio durante meses o incluso años.

Las que nos pesan aunque podamos pagarlas. Las que heredamos, las que nos impusimos, las que tapamos con más trabajo.

Las deudas consumen atención, suben el costo emocional de cada decisión y te dejan sin aire para elegir bien.

Deudas emocionales, familiares, bancarias.

Las que nos quitan claridad, las que nos llenan de vergüenza, las que nos hacen sentir que no importa cuánto generemos, siempre estamos "debiendo".

Las que nos hacen perder las mejores oportunidades de darle una dirección a nuestro dinero.

En el próximo capítulo vamos a hablar de eso.

De cómo dejar de vivir en deuda.

No solo con el banco o tarjetas sino con vos misma.

De cómo ordenar, asumir y despedir esa carga para avanzar sin peso.

Porque no hay libertad financiera si estás atada a deudas que te roban energía.

Ni salud financiera si vivís tapando huecos con lo que ganás.

Y porque Blanca también necesita entender que ya no debemos nada.

Ni explicaciones.

Ni justificaciones.

Ni más tiempo en una versión que ya no te representa.

Nos vemos en el próximo capítulo.

Uno en el que, por fin, vas a decir: adiós deudas.

Ejercicio: Tu vínculo emocional con el cuidado del dinero

1. ¿Qué hacés cuando recibís un ingreso grande o inesperado? ¿Tenés un plan o actuás desde la urgencia?

2. ¿Qué parte de tus finanzas evitás mirar o planificar porque te da miedo?

3. ¿Te das permiso para disfrutar de lo que ganás o solo retenés?

4. ¿Tenés una estructura clara para distribuir tu dinero mensualmente? ¿Qué porcentaje destinás al disfrute, a los objetivos, a los imprevistos?

5. Ahora, escribí un plan simple con tres destinos de tu dinero:
   a) fondo de alivio (emergencia),
   b) para sostener tu presente (puede ser una meta a corto plazo como viajar, estudiar),
   c) para construir tu futuro (puede ser comprarte una casa, auto o incluso tu retiro).

Poneles un nombre simbólico si querés. Y decidí cuánto vas a destinar a cada uno, aunque sea con porcentajes estimados o pequeños. Empezá a cuidar tu dinero como quien cuida un jardín: regando cada día la semilla que sembró.

Si te ayuda, arrancá con una propuesta simple: 15% alivio, 10% presente, 10% futuro, 5% disfrute, entre 20% y 40% operaciones del negocio y el resto al costo de vida. Ajustalo a tu realidad, pero escribilo y automatizalo el día que cobrás.

Capítulo 6

Adiós deudas, hasta nunca

No se puede correr una maratón con fiebre o tos. El aire te falta y seguro quedás a mitad de camino.

Tampoco se puede ahorrar, invertir o crecer si no hay salud financiera. Si todo lo que ganás lo usás para tapar agujeros, no estás avanzando, solo estás evitando hundirte. Y esos agujeros, a veces, no son tan visibles como creemos.

Cuando logré salir de mi etapa de ahorrista extrema, pensé que lo peor había pasado. Que ahora sí podía vivir un poco mejor y darme esos gustos que había postergado durante años. Y entonces, sin darme cuenta, me fui para el otro lado. Dejé atrás la rigidez de guardar cada centavo para caer en un pozo peor: gastar sin rumbo.

Era como pasar de una cárcel de barrotes fríos a una de luces de neón.

Ya no era la restricción lo que me ataba, sino la ilusión de la abundancia y merecimiento malentendidos.

Me decía a mí misma: "Me lo merezco", pero en el fondo lo que buscaba era calmar vacíos que nada tenían que ver con ropa nueva ni con la última tecnología.

Paradójicamente, las deudas no llegaron cuando ganaba poco, sino cuando empecé a generar dinero de verdad. El flujo era más constante, más alto, más digno o eso era lo que a mi me hacía sentir.

Y como me sentía segura, empecé a gastar el dinero sin pensar demasiado en el mañana.

Porque el dinero empezó a confundirse con identidad.

Cada prenda nueva era un grito de independencia, cada salida una forma de decirle al mundo que ya no era la chica que se negaba a un gusto.

Pero en el silencio de mi habitación, cuando guardaba esas bolsas de compras, aparecía la incomodidad: ¿realmente estaba construyendo algo o solo coleccionando recibos?

Era como si una parte de mí quisiera recuperar todo el tiempo que no había disfrutado. Quizás, darle a Blanca lo que ella no pudo tener ni en sus sueños.

Compraba cosas que me gustaban, que me hacían sentir bien, pero que no estaban alineadas con nada más que con el impulso del momento.

Me acuerdo de mis primeros meses en relación de dependencia, antes incluso de emprender.

Era estudiante, estaba aprendiendo muchísimo sobre contabilidad, impuestos y balances, pero había un tema del que nadie hablaba: **cómo manejar mi propia plata**. Y así, como muchas otras jovencitas amigas, compañeras de trabajo y facultad, fui ganando mis primeros sueldos sin ninguna conciencia de planificación futura.

Me encantaba salir. Comprar ropa, zapatos, maquillaje. Sentirme linda. Encajar. Que el afuera me dijera: "¡Qué cartera tan bonita!" o "¿Dónde compraste ese jean?".

Me gustaba que me vieran bien, y también me gustaba gustar.

El problema es que esa aprobación era efímera. Duraba lo que duraba el comentario, lo que tardaba en subir una foto a las redes.

Después venía el vacío y el ritual volvía a empezar. Era un ciclo adictivo: sueldo que entraba, compra que salía.

Invertí en mi primer auto usado (con ayuda de mis padres) que me hacía sentir independiente. Dato no menor. No era solo el auto, sino seguro, combustible, mantenimiento.

Por fuera, parecía que tenía todo bajo control. Por dentro, me sostenía la idea de que, si algo pasaba, mis padres me iban a salvar. Vivía con ellos, tenía su respaldo. Y ese respaldo, lejos de ser un colchón sano, se transformó en permiso para no pensar en mañana. El dinero que entraba, se iba. Y si no alcanzaba, pedía prestado. Esa era mi paz.

Ahí entendí después que la ayuda familiar también puede ser un arma de doble filo: cuando siempre hay alguien que "te salva", nunca desarrollás el músculo de salvarte sola.

Y yo estaba cómoda en ese rol de hija sostenida.

La tarjeta de crédito se volvió mi aliada silenciosa. No había maldad ni ambición desmedida, había desconocimiento y una peligrosa sensación de vulnerabilidad tapada claramente de carencias emocionales como toda raíz de los grandes mambos financieros.

Nadie me había explicado que el dinero que te prestan después hay que devolverlo con intereses. Lo sabía en teoría, pero no lo sentía real. Sentía que el resumen de la tarjeta se pagaba solo, que yo era capaz de generar lo suficiente y aún más.

Y así fue como conocí el término que me partió la cabeza a mis 25 años: **giro en descubierto**. En palabras simples: le estás debiendo al banco, y ellos cobran primero, sin pedir permiso.

Recuerdo el primer mes en que me pasó. Entró mi sueldo y no estaba. Todo se lo había llevado el banco para cubrir ese descubierto.

Fue como un baldazo de agua helada. Ahí se quebró mi autoestima y mi impotencia no tenía nombre.

¿25 años y tantos problemas? ¿En qué momento pasé de un extremo al otro?

En ese punto de inflexión entendí que ya no podía seguir postergando pagos, escondiéndome de los resúmenes o confiando en que "ya se va a arreglar todo". Cada mes que pasaba, cobraba y no veía el dinero.

Me dolía, me avergonzaba, pero sobre todo me enojaba. Porque en ese momento me cayó la ficha: el problema no era cuánto ganaba, sino que no tenía un criterio para gastar el dinero que entraba. Ganaba bien, pero gastaba peor.

Ese fue el primer quiebre. El momento en que dije: "No quiero más esto".

No quiero que mi energía se vaya en sostener deudas que ni siquiera me dejaron algo valioso. No quiero tenerle miedo a abrir el homebanking. No quiero vivir con esa angustia que te oprime el pecho cada vez que llega el resumen de la tarjeta y no sabés dónde disparar.

Y ahí apareció Blanca, aunque no para señalarme con el dedo, sino para mostrarme de dónde venía ese patrón.

Blanca había sido fuerte, decidida y práctica, pero como muchas mujeres de su generación, no había tenido autonomía económica. El sueldo lo traía el hombre y ellas lo estiraban como chicle mascado. No planificaban a largo plazo porque no era su rol. No tenían cuentas a su nombre ni ahorros propios.

En una charla que nunca olvidé, una mujer de mi familia me dijo: "A mí nadie me enseñó que se podía vivir sin deberle nada a nadie. Yo pensaba que la deuda era parte de ser mujer".

Esa frase me atravesó. Porque yo estaba repitiendo la historia, pero con otros códigos.

En vez de deberle al almacén, le debía al banco. En vez de pedir fiado, usaba la tarjeta. Pero el fondo era el mismo:

postergar mi libertad para sostener un sistema que invisibiliza a la mujer en todo sentido.

Ese día me prometí que no iba a heredarle a mis hijas la normalización de la deuda. Si algo quería que heredaran era la certeza de que podían ser dueñas de su dinero, su tiempo y sus decisiones.

Salir de ahí no fue de un día para el otro. Lo hice con método y disciplina.

Primero, probé el método bola de nieve: cancelar las deudas más pequeñas para tacharlas de la lista y sentir alivio rápido. Necesitaba esa motivación inicial. Después pasé al método avalancha: priorizar las más grandes y con más intereses para frenar los intereses.

Me armé un Excel que hoy atesoro como si fuera una foto de mi nueva vida. Puse cada deuda, monto, interés, fecha de vencimiento y mínimo a pagar.

Revisaba esa planilla como si fuera un mapa del tesoro: cada pago era un paso más cerca de la salida.

No me juzgué por haber llegado hasta ahí. Decidí que lo pasado quedaba atrás, pero que el futuro lo iba a construir con foco.

Tomé decisiones incómodas: dejé de comprar cosas que mi ego pedía, pero que no necesitaba. Empecé terapia para ver de dónde venían mis carencias emocionales que quería tapar con cosas materiales y nada tenían que ver con ropa, perfumes y la mejor tecnología. Aprendí a tolerar el impulso de "me lo merezco" sin transformarlo en consumo automático.

Me perdoné. Y en vez de llenarme de culpa, me llené de valor.

Porque entendí que las deudas no se borran por arte de magia: se enfrentan, se ordenan, se cierran y se sueltan.

Salir de deudas es el primer acto real de construcción de tu libertad. Es dejar de pagar el pasado para empezar a diseñar el presente y proyectar el futuro.

Es decir: “Hasta acá llegué, no caigo nunca más en esto”.

Ese “hasta acá” fue mi acto de rebeldía más grande. Una rebeldía íntima, pero que cambió todo.

Porque fue la primera vez que elegí no desde la carencia ni desde el enojo, sino desde la convicción.

Cuando lo lográs, el paso siguiente es inevitable: empezar a guardar para vos.

No para el banco ni tapar agujeros, sino para tu paz, para tus decisiones, para tu descanso.

Para darte la vida que querés, sin pedir permiso.

Ese paso se llama **fondo de emergencia**. Y es la base sobre la que descansa tu salud financiera.

Y acá empieza la verdadera transición: dejar atrás el peso de las deudas para empezar a crear un colchón que sostenga tus sueños. Porque no se trata solo de números, se trata de paz mental.

Se trata de poder dormir tranquila sabiendo que tu esfuerzo ya no se va en pagar el pasado, sino en construir el futuro.

En el próximo capítulo, vamos a construirlo juntas.

Pero no es el único fondo importante… y ya vas a ver por qué.

Ejercicio: Liberación emocional de deudas

- Hacé una lista completa de todas tus deudas. Sin justificarte. Solo anotar.
- Elegí un método: bola de nieve (de la más chica a la más grande) o avalancha (de mayor interés a menor).
- Armá un plan con fechas reales, montos que podés destinar acorde a tus ingresos actuales y una revisión mensual.
- Asegurate siempre de primero cubrir todos los costos básicos que tenés para vivir.
- Escribí una frase de cierre. Un manifiesto. Una decisión. Algo como: "Hoy empiezo a dejar de deberle al resto para empezar a responderme a mí".

Capítulo 7

El colchón sobre el cual descanses

Me acuerdo perfectamente de ese día en la facultad, en mi clase de Finanzas.

Era invierno, y mientras esperaba que el profesor llegara, mis manos estaban frías a pesar de sostener un café caliente. Cuando entró al aula, escribió en el pizarrón dos palabras que parecían ser un mundo entero: *fondo de emergencias.*

Yo, que siempre fui aplicada, abrí mi cuaderno y empecé a copiar todo lo que decía.

Había un Excel, unas fórmulas, su relato que explicaba lo básico y una frase que repetía como un mantra: "Tu primer objetivo financiero tiene que ser tu fondo de emergencia".

Tres a seis meses de gastos fijos, preferentemente en una cuenta separada, líquida, de fácil acceso, intocable salvo en caso de imprevistos.

Todo me sonaba lógico, clarísimo, innegociable. Y lo anoté con la tranquilidad de quien cree que, llegado el momento, será tan simple como apretar un botón y tenerlo listo.

Lo gracioso es que, en ese entonces, yo pensaba que el Excel era la vida. Que con fórmulas y porcentajes bastaba.

No entendía que los imprevistos no avisan con cartel luminoso, ni que la emoción puede sacudirte más fuerte que cualquier gasto. Estaba convencida de que la teoría me iba a alcanzar para enfrentar lo inesperado.

Hoy me sonrío de esa ingenuidad: la vida se encargó de mostrarme que ningún número reemplaza a la experiencia de caerse y tener que volver a levantarse.

En ese momento yo no entendía de verdad de qué iba la vida. No había vivido todavía situaciones que te cambian el eje. No sabía lo que era sentir que todo se te movía debajo de los pies, ni lo que significaba frenar por elección y no por obligación.

Hasta que la vida me puso en el lugar que me tocaba atravesar.

Cuando me convertí en mamá, no fue una sorpresa. Lo había buscado, lo había soñado. Pero igual me sacudió hasta los cimientos.

La maternidad me puso frente a un espejo que no conocía. Me di cuenta de que la mayoría de mis decisiones financieras hasta ese momento estaban diseñadas para cubrir emergencias: caídas, accidentes, enfermedades, pérdidas. Todo lo malo. Nada de lo bueno.

El fondo de emergencia estaba ahí, pero no estaba diseñado para sostener lo que había elegido con alegría.

Y para mí, la maternidad no era una emergencia. Era un deseo cumplido. Pero sí fue un evento que me sacó del sistema productivo por un tiempo y cuando revisé mis números, entendí que no tenía un respaldo suficiente para eso.

Me acuerdo de estar con mis mellizas dormidas al lado, la casa en silencio, y sentir un vértigo enorme al abrir mi homebanking.

Tenía un fondo ordenado según los libros, pero no alcanzaba para sostener mis meses de licencia sin culpas. Fue un cachetazo: había seguido la regla, pero la regla no estaba hecha para mí ni para nosotras.

Me enojé.

No con la facultad, ni con el profesor, ni con los Excel.

Me enojé con el paradigma. Me enojé con el sistema.

Esa lógica de supervivencia constante que tantas mujeres heredamos: ahorrar para cuando todo se derrumbe, pero no para cuando todo florezca. Prepararnos para la caída, pero no para el descanso. Planificar para lo terrible, pero no para lo importante. Y después nos preguntamos por qué arrastramos, generación tras generación, una mentalidad de escasez disfrazada de prudencia y autocuidado.

Ahí fue cuando entendí que el fondo de emergencia no es solo un número: es una forma de pensar la vida. Y si la pensamos siempre desde la carencia, desde "qué pasa si me falta", nunca abrimos espacio para "qué pasa si me sobra", si quiero parar, si necesito respirar.

Entre mamaderas, sueño en cuotas y una rutina que parecía escrita por otro, me encontré revisando el resumen del banco otra vez con un nudo en la garganta. Y ahí apareció Blanca.

Blanca, que no pudo parar nunca.

Blanca, que jamás se imaginó que una mujer podía pagarse su propia licencia de maternidad.

Blanca, que tuvo hijos y a los pocos días ya estaba cocinando, limpiando, sosteniendo la casa, sin red, sin derechos, pero con una dignidad que le llenaba el cuerpo entero.

A veces me pregunto si no le hubiera gustado tomarse unos meses solo para ella. Para estar con su bebé, para recuperar su cuerpo, para vivir sin apuro esos momentos que jamás vuelven.

Me la imagino mirándome con una mezcla de ternura y asombro, como si lo que le preguntasen fuera de otro planeta. La imagino respondiendo: "Sí, me hubiera encantado. Pero en esa época ni se nos cruzaba por la cabeza. Había que seguir y con cero quejas".

Blanca me recuerda que lo que yo llamo "privilegio" hoy, para ella era un imposible. Y ahí se me graba a fuego una idea: **no quiero que mis hijas crezcan creyendo que descansar es un lujo**.

Y lo pienso hoy, en pleno siglo XXI, sigue pasando.

Mujeres que vuelven a trabajar a los pocos días de parir porque no hay otra opción.

Mujeres que no tienen margen, que no pueden parar, que no planifican su descanso porque nadie les dijo que podían hacerlo.

Ese día lloré. Porque entendí que yo tenía un privilegio: poder pensar distinto. Y con ese privilegio venía la responsabilidad de actuar distinto.

Fue ahí cuando empecé a armar fondos con nombre y apellido.

Fondos para la vida real, no solo para accidentes.

Fondo de maternidad (por si quisiera ser madre nuevamente).

Fondo de vacaciones.

Fondo para un aguinaldo (aunque fuera mi propia jefa y nadie me lo "pagara").

Fondo para viajes.

Fondo para el "por las dudas" que no eran emergencias, sino sueños.

Fondo para que mi negocio me pague no solo las cuentas, sino también los caprichos.

Y algo increíble pasó cuando empecé a ponerle nombre: el dinero dejó de ser solo plata guardada. Se volvió un puente hacia experiencias. Cada centavo en el "fondo vacaciones" me sabía a arena en los pies, por ejemplo.

Porque si emprender es asumir riesgos, también debería ser garantizar beneficios. Y si soy mi propia jefa, ¿por qué no tener aguinaldo, licencia paga o un sueldo fijo?

Y esto no es lujo ni mucho menos es ambición desmedida. Es dignidad y merecimiento.

Sé que quizás ahora estás pensando: "Sí, suena hermoso, pero yo apenas llego a fin de mes".

Te entiendo. Yo también estuve ahí.

Pero no se trata de esperar a que sobre plata, porque ese día nunca llega. Se trata de empezar con lo que tengas. USD 100. USD 50. Lo que puedas. El monto no importa tanto como la intención. La acción. Separar esa plata como si ya fuera parte de tu sueldo, pero para vos.

Vi demasiadas clientas emprendedoras quebrarse emocionalmente. No por falta de talento, ni de clientes, ni de trabajo. Sino por no tener dónde caer si algo pasaba. Por no haberse dado permiso para parar. Por seguir sosteniendo la idea de que una mujer fuerte "se la banca toda" sola.

No.

Una mujer fuerte planifica para no tener que bancársela sola.

El fondo de emergencia es tu base, tu red, tu colchón mínimo. Pero no es el único. Necesitás más de un colchón: descanso, respaldo, y la certeza de que tu esfuerzo también se traduce en pausas.

Porque la verdadera fuerza no está en resistir sin red, sino en saber que, pase lo que pase, tenés dónde caer y desde dónde volver a levantarte.

Y si estás esperando el momento perfecto para empezar, te lo digo con amor: ese momento no llega.

Al momento lo construís.

Paso a paso.

Fondo a fondo.

Centavo a centavo.

Y cuando esos fondos existan, aunque sea uno, cuando ya no vivas al límite, cuando tengas margen, cuando gastes sin dolor ni culpa, ahí sí, vas a estar lista para el siguiente paso: multiplicar.

Porque el ahorro cuida el presente.

Pero la inversión construye el futuro.

Y eso es lo que vamos a descubrir en el próximo capítulo.

Ejercicio: Comenzá a construir tus colchones

- Calculá tu fondo de emergencia real: sumá todos tus gastos fijos del mes (alquiler, comida, servicios, salud, etc.). Multiplicalo por mínimo seis meses. Eso es tu base.

- Escribí una lista de otros fondos que te gustaría tener: maternidad, aguinaldo, formaciones, viajes. Elegí uno para empezar.

- Abrí una cuenta nueva (si podés) o aunque sea una columna en tu Excel. Nombralo como ese fondo. Dedicá un monto mínimo cada mes, aunque sean USD 10. El acto simbólico es más importante que el monto de dinero.

- Visualizá cómo se vería tu vida si esos fondos existieran. Qué podrías hacer. Qué dejarías de hacer. Qué te permitirías. Disfrutalo. Sentilo.

Capítulo 8

Wall Street no está tan lejos

Durante mucho tiempo, la palabra "inversión" me sonaba lejana. Fría. Técnica. Inalcanzable.

Me imaginaba una sala llena de hombres de traje, pantallas con gráficos verdes y rojos, números que subían y bajaban y alguien gritando: "¡Comprá, vendé!" como si fuera una película de los noventa.

Esa distancia con la palabra inversión era emocional más que económica. Nos enseñaron que invertir es para otros, para "los de traje", y así terminamos creyendo que no tenemos permiso para ocupar ese espacio.

Nada más alejado de lo que yo era.

Yo era una chica común. Trabajaba, estudiaba, me pagaba mis cosas. Tenía dos tarjetas de crédito, algunas deudas como ya te conté, muy pocos ahorros después de salir de la ahorrista extrema y un largo camino por recorrer.

La idea de invertir parecía de otro planeta.

No había espacio para eso en mi cabeza. Creía que solo era para millonarios.

Ser "una chica común" con deudas y ahorros mínimos no era una limitación real, era un reflejo de cómo la sociedad me había hecho creer que debía esperar a tener mucho para empezar. En realidad, empezar con poco era la única manera de llegar a mucho.

Hasta que un día me hicieron una pregunta muy simple: "¿Qué pasaría si, en vez de trabajar toda la vida por dinero, el dinero empezara a trabajar por vos?".

Me quedé callada y un poco avergonzada.

Porque trabajaba en el sector impositivo y financiero de una empresa, pero nunca me lo había preguntado para mi vida personal. Como si todo mi trabajo diario fuera ajeno a mí e intangible para mi realidad.

Esa pregunta fue un sacudón. Me obligó a mirar mis rutinas y darme cuenta de que había normalizado vivir cansada, generando y gastando sin fin.

Hasta ese momento, mi única relación con el dinero era generarlo y gastarlo. Si entraba, bien. Si se iba, había que volver a generarlo. Y así, una rueda sin descanso.

Pero esa pregunta me quedó rebotando. Me incomodó.

Porque en el fondo, sabía que sí quería eso. Quería que mi dinero me devolviera algo más que cansancio. Quería que creciera, aunque fuera de a poco. Quería la revancha a tantos años de estudio y trabajo que ya tenía en mis espaldas.

Y entonces empecé.

No con grandes sumas ni con muchas certezas.

Empecé con lo que tenía. Con miedo, sí. Pero también con curiosidad. Y, sobre todo, con una decisión firme: dejar de mirar las inversiones como algo para otros.

Para empezar a invertir no hace falta vivir en Nueva York, ni tener miles de dólares, ni saber inglés, ni tener un título de economista. Lo que hace falta es información, voluntad y acción.

Mi primer paso fue armar **un fondo exclusivo para invertir**. No es lo mismo que el fondo de emergencia. Este dinero lo destinás a crecer, no a salvarte de imprevistos.

Te explico cómo:

Paso 1: Elegí un monto inicial

Puede ser un porcentaje fijo de tus ingresos (por ejemplo, 10%) o un monto concreto que sepas que podés separar sin comprometer tu economía cada mes. Si hoy solo podés empezar con el valor de una salida a cenar, está bien.

Lo importante es **separarlo en una cuenta o billetera digital distinta**, para no tentarte a gastarlo.

Paso 2: Mantenelo líquido al principio

Mientras aprendés y decidís en qué invertir, ese dinero puede quedarse en instrumentos simples y seguros, como un **plazo fijo tradicional o plazo fijo UVA** (que ajusta por inflación en Argentina).

Si vivís en otro país, buscá la opción bancaria que te pague un interés por inmovilizarlo un mes o más.

Alojarlo en las billeteras virtuales que dan rendimiento también es una excelente opción.

Paso 3: Diversificá cuando tengas base

Una vez que tengas un pequeño capital y algo de confianza, podés diversificar. Acá te explico algunas opciones:

- **Plazos fijos / depósitos a término**: simples y con bajo riesgo. Sirven para resguardar el valor frente a la inflación a corto plazo.

- **Fondos Comunes de Inversión (FCI)**: son canastas de inversiones administradas por un banco o sociedad de bolsa. Hay conservadores, moderados y agresivos. Podés empezar con montos bajos y retirar cuando quieras.

- **CEDEARs**: certificados que representan acciones de empresas como Apple, Google o Coca-Cola, pero comprados en pesos argentinos. Se mueven según la cotización del dólar, lo que puede protegerte frente a la devaluación.

- **Bonos y letras**: instrumentos de deuda emitidos por gobiernos o empresas, que te pagan un interés. Son menos volátiles que las acciones, pero más que un plazo fijo.

- **Criptomonedas y stablecoins**: activos digitales. Las stablecoins como USDT o USDC están ligadas al valor del dólar, lo que ayuda a resguardar el capital en economías inestables. Pero ojo: hacelo solo con una parte de tu cartera y con billeteras seguras.

- **Inversión en vos**: cursos, certificaciones, mentorías, *networking*. Aumentar tu valor profesional percibido también es una inversión que puede multiplicar tus ingresos futuros porque aumenta tu autoestima laboral, esa de la que nadie te habla.

Pero esto no es suficiente. Hay que hacer un seguimiento de todo porque si no es como plantar una semilla y olvidarte de regarla.

El verdadero poder no está en elegir el instrumento financiero más sofisticado, sino en generar el hábito.

La constancia le gana a la perfección.

Necesitás monitorear lo hecho y medir a través de herramientas sencillas y gratuitas. Te brindo opciones para que puedas empezar ahora mismo:

- **Un Excel o Google Sheets**: anotá mes a mes el monto invertido, el rendimiento y el porcentaje que representa sobre tu patrimonio total.

- **Apps de seguimiento**: hay aplicaciones para ello o incluso la propia app de tu broker que te permiten ver tu rendimiento en tiempo real.
- **Cuadro comparativo de opciones**: antes de invertir, listá 3 o 4 alternativas con su rentabilidad estimada, riesgo y liquidez. Esto te ayuda a decidir con criterio y no con impulso.

Ahora, si sentís que no vas a sostenerlo en el tiempo, probá esto:

1. **Automatizá**: configurá una transferencia automática cada mes hacia tu cuenta de inversión.
2. **Ponete un objetivo concreto**: "Quiero que este fondo llegue a X monto en X meses para (viajar, comprar algo, iniciar un proyecto)".
3. **Celebrá los logros**: cada vez que llegues a un nuevo monto, reconocelo. El cerebro asocia la inversión con una recompensa y eso refuerza el hábito.

Invertir no es un lujo.

Es una necesidad.

Es un acto político, emocional, económico y espiritual.

Es plantar una semilla que no da frutos mañana mismo, pero sí dentro de unos años.

Es confiar en que merecés más. En que tu futuro también importa.

Invertir también fue reconciliarme con el dinero. Porque el hecho de ser constante con mis inversiones y objetivos se volvió un recordatorio de que mi futuro también importa, aunque el presente siempre urja.

Blanca no llegó a invertir. En su época, ahorrar en una lata bajo el colchón ya era un acto de sabiduría.

Pero me la imagino, hoy, sentada al lado mío, viendo cómo aprendí. Cómo lo hice distinto. No por rebeldía, sino por respeto a ella y a mí misma.

Porque cuando una mujer invierte, no solo está cuidando su dinero. Está honrando a todas las que vinieron antes y no pudieron. Y abriendo camino para todas las que vienen después.

Así que ahora te pregunto:

¿En qué querés invertir vos? ¿En tu libertad? ¿En tu futuro? ¿En dejar de sobrevivir y empezar a elegir?

Invertir no es para mañana. Es para hoy.

Para que un día no muy lejano, tus ingresos no dependan solo de cuántas horas trabajás. Para que algo empiece a crecer en silencio, mientras vos vivís.

Y cuando esa semilla empiece a dar frutos, vas a entender que Wall Street no estaba tan lejos.

Solo necesitabas dar el primer paso.

Y ahora que aprendiste a cuidar tu dinero y que empezaste a hacerlo crecer, te queda un paso más. El último: **generar más**.

Porque no todo ahorro se construye desde la escasez.

Y no toda inversión nace desde lo que ya tenés.

A veces, el salto exponencial ocurre cuando te animás a crear nuevas fuentes de dinero.

Ese es el último paso. Y de eso vamos a hablar en el próximo capítulo.

Porque el dinero no solo se ordena. Se expande.

Y esa expansión, te lo aseguro, también es para vos.

Hay infinitas posibilidades. No lo olvides.

Ejercicio: activando tu rol de inversora

- Escribí tu propia definición de inversión, sin copiarla de internet. ¿Qué significa para vos invertir? ¿Qué emociones te despierta? ¿Qué querés lograr?

- Listá tus miedos: anotá todo lo que hoy te frena a la hora de invertir: miedo a perder, a no entender, a equivocarte, a que te critiquen, a que te estafen. Sacalo de la cabeza y ponelo en papel.

- Buscá una inversión posible para vos hoy, no importa el monto. ¿Podés abrir una cuenta comitente y mirar CEDEARs? ¿Explorar un fondo común de inversión? ¿Capacitarte sobre cripto o bonos? Anotá una opción que esté a tu alcance y buscá información de una fuente confiable.

- Armá tu primer minifondo de inversión: elegí un monto simbólico USD 20, USD 50, USD 100 y ponelo aparte. Nombralo: mi fondo de libertad, o de viaje, o de maternidad. Empezá por ahí.

- Escribite una carta a vos misma para dentro de un año: contate cómo te imaginás habiendo dado este paso. Qué aprendiste. Qué generaste. Qué cambió en tu mentalidad financiera.

Te muestro aquí cómo una inversión que parece tan pequeña puede crecer, en un ejemplo real.

Supongamos que podés destinar USD 50 por mes (o su equivalente en tu moneda local) a un fondo de inversión. No parece mucho, pero vamos a ver cómo se acumula según el instrumento que elijas:

Escenario 1: Plazo fijo tradicional (interés 6% anual)

- Aportando USD 50 cada mes durante 12 meses, tendrías:
  USD 600 (aporte) + USD 19,5 (interés) = USD 619,50
  Ganancia tranquila, pero con bajo riesgo.

Escenario 2: Fondo Común de Inversión moderado (rendimiento estimado 10% anual)

- Aportando los mismos USD 50 mensuales durante 12 meses:
  USD 600 (aporte) + USD 32,6 (rendimiento) = USD 632,60
  Más rendimiento, con algo más de volatilidad.

Escenario 3: CEDEARs de empresas estables (rendimiento histórico estimado 15% anual)

- Aportando USD 50 mensuales durante 12 meses:
  USD 600 (aporte) + USD 49,5 (ganancia) = USD 649,50
  Mayor potencial de ganancia, pero con riesgo asociado.

Conclusiones:

- Si bien las cifras pueden parecer pequeñas en un año, el poder real está en la constancia y el interés compuesto.
- A 5 años, ese hábito de USD 50 mensuales en un instrumento del 15% anual podría transformarse en más de USD 3700 (sin contar reinversiones mayores si tus ingresos crecen).

Esto demuestra que no importa con cuánto empieces, lo importante es empezar. Porque cada mes que postergás, perdés un mes de interés compuesto.

Capítulo 9

Vivir no es gastar, es multiplicar

Durante mucho tiempo viví con la idea de que ganar dinero era una cuestión de suerte o de título universitario. Que si no tenías el "trabajo correcto", con el "sueldo correcto", no había nada más que hacer que adaptarse.

Recortar.

Ajustar.

Aguantar.

Y si con suerte sobraba algo, agradecer.

Pero el tiempo y las crisis que atravesé me enseñaron otra cosa.

Me enseñaron que los ingresos no se encuentran. Se diseñan. Se buscan. Se inventan. Se exploran en base a tus potenciales.

Que no todo ingreso viene de un empleador. Que no todo ingreso necesita validación externa.

Y sobre todo, que no todo ingreso depende del reloj.

Yo misma lo viví en carne propia.

Mientras estudiaba y trabajaba en relación de dependencia, me animé a vender joyas y también lencería. No eran emprendimientos perfectos ni superrentables, pero me demostraron que había algo más allá del sueldo fijo. Que podía probar, equivocarme, aprender, y volver a empezar. Esas experiencias fueron mi primer ensayo de independencia, aun cuando nadie me decía que era posible.

La mayoría de nosotras creció viendo a mujeres que se adaptaban a todo. Que hacían lo que podían con lo que había. Que cortaban cupones, buscaban promociones, ahorraban en silencio, si es que podían, claro.

Blanca era así. Sabía estirar la plata como nadie, pero nunca pensó que podía generarla en abundancia. Esa palabra jamás se la nombraron.

Nunca se preguntó qué más podía crear.

No porque no fuera capaz, sino porque nadie la miró y le dijo: "Merecés más y podés más".

A mí nadie me lo dijo tampoco. Me lo tuve que decir yo.

Y si estás leyendo esto, hoy vengo a decírtelo a vos: **no te conformes con lo que hay**. No porque esté mal tener poco, sino porque quedarte ahí cuando sabés que hay más posibilidades, te achica la vida y tu horizontes de sueños por cumplir.

El conformismo es cómodo, pero también caro.

Te roba sueños, energía y oportunidades.

El desafío es empezar a entrenar la mente para hacerse preguntas incómodas: ¿y si me animara a probar?, ¿y si no espero a que otro me dé permiso?, ¿y si lo que sé ya alcanza para empezar a generar ingresos distintos?

Esto no va de tener cinco trabajos ni de emprender a ciegas con lo que haya. Se trata de autoconocerse y mirar con atención lo que sabés, lo que hacés bien, lo que disfrutás, y preguntarte: "¿De qué otra forma esto podría darme ingresos?".

Así fue como un día encontré una fórmula simple pero transformadora: **el método 8/8/6/2**. Ocho horas para dormir. Ocho para trabajar. Seis para vivir. Dos para explorar.

Las primeras tres partes ya las conocemos. Dormimos. Trabajamos. Vivimos. Pero las dos horas finales, esas son las que cambian todo. Porque ahí es donde se gesta el futuro.

En esas dos horas, sin presión ni urgencia, empezás a investigar nuevas formas de hacer dinero. Sin dejar lo que hacés hoy. Sin tirarte de cabeza a lo primero que ves. Solo permitiéndote mirar, leer, anotar ideas, ver un video, escribir tu primera propuesta, armar tu primer Excel de precios, crear una cuenta nueva, aprender algo nuevo.

Esas dos horas no son productivas en el sentido clásico, son fértiles, incubadoras. Escriben futuro. Y si las respetás todos los días, o al menos tres veces por semana, en tres meses vas a tener una fuente nueva naciendo, un ingreso que no tenías, una versión tuya que no habías visto.

Al principio, cuando quería crear mi marca y no sabía por dónde empezar, me pasaba que esas dos horas parecían un lujo imposible. Entre el trabajo fijo que tenía, me estaba especializando en finanzas y la vida misma, ¿cómo iba a encontrar más tiempo?

Pero cuando lo hice, descubrí que eran el motor de mis próximos pasos.

Yo usé esas horas para armar mi primer servicio independiente, después para vender guías, luego para capacitarme más, para ofrecer mentorías.

Todo nació en ese tiempo que, al principio, parecía "extra".

Y no hace falta que empieces con algo perfecto o enorme: arrancá siempre por un producto o servicio mínimo viable y después lo mejorás con el tiempo.

Por ejemplo, si sos buena en organización, podés ofrecer servicios de asistente virtual o gestión de agendas.

Si tenés experiencia en ventas, podés manejar redes sociales para negocios o vender por comisión o afiliación.

Si tenés habilidades creativas, podés crear plantillas en Canva, guías descargables o cursos online.

Si sos buena con lo manual, podés vender productos artesanales o personalizados de cocina, pintura, cerámica, etcétera.

Si sabés enseñar, podés dar clases particulares a estudiantes o mentorías.

Un recordatorio importante: no subestimes lo simple.

Muchas veces creemos que lo básico no vale, pero hay gente que pagaría por eso que para vos es obvio. Desde ordenar una agenda hasta preparar un presupuesto en Excel. Lo obvio para vos es oro para otra persona.

Tampoco se trata de hacer todas las ideas, sino de encontrar esa que encaje con tu estilo de vida, tus recursos y el tiempo que realmente podés destinar.

Las posibilidades son infinitas.

Preguntate: ¿qué sé hacer que otras personas no saben?, ¿qué problema puedo resolver y por el que alguien pagaría?, ¿qué me pide la gente que le enseñe o le explique todo el tiempo?

Respondé sin filtro, sin pensar si eso se vende o no. Muchas ideas rentables nacieron de algo simple que alguien necesitaba. Y una vez que lo pongas en circulación, no solo vas a generar dinero. Vas a generar poder y autoestima.

Y ojo: también vas a generar miedo. Porque animarse a cobrar por lo que sabés da vértigo. Te hace dudar de si alcanza, si vale, si alguien pagaría. Ese miedo es parte del proceso. No lo evites, atravesalo. Porque del otro lado está tu independencia.

No se trata de volverse millonaria en 30 días, sino de dejar de vivir limitada por un único ingreso que apenas alcanza. De dejar de poner tu energía en un solo lugar. De crear una estructura interna que te sostenga y te diga: si esto se cae, tengo otra vía. Y si todo va bien, puedo expandirme todavía más.

Volvé a mirar el método: 8 horas para descansar, 8 para trabajar, 6 para vivir, 2 para crear lo que viene. Usá esas dos horas como un acto de rebeldía al sistema y autocuidado, como una manera de decirle al mundo y a vos misma que tu tiempo no se basa en sobrevivir.

Que tu historia también puede generar ingresos. Que tu deseo también puede ser rentable.

Blanca, si pudiera, estaría hoy tomándose esas dos horas para leer, para escribir su historia, para vender su receta de pan casero, para acompañar a otras mujeres de su edad, para entender que su tiempo no se había terminado.

Pero como no pudo, lo hacemos nosotras.

Por ella.

Por todas.

Y sobre todo, por nosotras mismas.

Porque cuando una mujer se multiplica, no lo hace sola. Su tiempo, su dinero y sus logros se convierten en ejemplo para las que vienen detrás. Eso también es herencia. Eso también es libertad.

Porque la vida no se gasta ni se sobrevive.

La vida se multiplica.

Ejercicio: Activá tu creatividad

- Hacé un mapeo de ingresos actuales: ¿de dónde viene hoy tu dinero? ¿Qué porcentaje representa cada fuente? ¿Cuál es frágil y cuál es estable?

- Escribí 3 ideas de nuevos ingresos: no tienen que ser perfectas ni realizables hoy. Solo tres caminos que te ilusionen. Que te parezcan posibles si le das tiempo y energía.

- Aplicá el 8/8/6/2 esta semana: probalo. Reservá dos horas reales, aunque sean partidas. Ponete el celular en modo avión y usá ese tiempo para investigar, escribir, diseñar, aprender o crear.

- Elegí una de esas ideas y ponela en marcha. Abrí una cuenta, hablá con alguien, grabá un video, armá un post. Empezá. Aunque no esté perfecto. Aunque te tiemble el cuerpo.

TERCERA PARTE

TU RELACIÓN CON EL DINERO (Y CON VOS MISMA)

Capítulo 10

Lo que heredás en tu mente también se reescribe

Me llevó muchos años entender que el dinero no solo se gana, se gasta o se ahorra.

El dinero también se siente. Se hereda.

Y no hablo de herencias en dólares, casas enormes o joyas de oro.

Hablo de algo mucho más profundo y, a la vez, invisible: la herencia emocional, simbólica y cultural que atraviesa todo lo que hacemos con el dinero.

Esa que no se firma en ningún papel, pero marca toda una vida.

Esa que te dice, sin palabras y de manera inconsciente, cómo deberías comportarte frente a la plata. Que define cómo la vas a percibir, cómo la vas a cuidar o despilfarrar y qué lugar le vas a dar en tu historia.

Yo crecí entre mujeres que hicieron malabares con lo poco que tenían. Mujeres que secaban la yerba para volver a usarla, que aprovechaban hasta la última cáscara de papa, que zurcían medias rotas una y otra vez, que escondían sobres con billetes "por las dudas".

Mujeres que, aun con miedo, sostenían familias enteras.

Que aguantaban trabajos que no les gustaban o parejas que no les daban el lugar que merecían, porque la independencia económica parecía un lujo inalcanzable.

Blanca tenía las manos marcadas de tanto cocinar y limpiar. Pero también de sostener.

Sostuvo a su familia, a sus hijos, y se sostuvo a sí misma como pudo: a veces con risas, a veces con gritos, a veces con silencios que olían a "no me queda otra".

Yo pasaba tardes en su cocina, mirando cómo preparaba recetas sin balanza, solo con ojo, sabiduría innata y corazón.

Entre mate cocido, galletitas y canciones viejas, me dejaba frases que entonces no terminaba de entender, pero que se me grabaron a fuego:

"Vos estudiá, negrita, para no depender de nadie".

"Guardá siempre un poquito para vos, sin decir nada".

"Si te va bien, no lo muestres mucho. Porque la gente no lo soporta".

Tenía siete u ocho años y me lo creía todo. Porque cuando alguien que te ama lo dice con tanta convicción, con tanta historia detrás, ¿cómo no vas a creerle?

Hoy, a mis treinta y pico, con dos hijas que me observan como yo observaba a Blanca, sé que tengo la posibilidad y la responsabilidad de reescribir lo heredado. No para negarlo, sino para honrarlo de verdad.

Porque ella hizo lo que pudo con lo que tenía, y yo puedo abrir otra historia, rompiendo las cadenas que a ella no le dejaron romper.

La mentalidad financiera no es lo que pensás cuando ves tu cuenta bancaria o un billete.

Es todo lo que te decís en silencio cuando ganás más que antes. Es la incomodidad al darte un gusto. Es esa vocecita que te dice: "No va a durar" o "Es demasiado bueno para ser verdad".

Es ese impulso de minimizar tus logros para no incomodar. Es la urgencia de gastar enseguida porque "después no se sabe".

La mentalidad heredada funciona como un guion que repetimos sin cuestionar, hasta que nos animamos a reescribirlo.

Durante mucho tiempo, cada vez que me iba bien, me invadía una sensación rara. Como si fuera un error. Como si el universo me fuera a castigar. Como si la abundancia fuera una racha breve, imposible de sostener. O que yo no la merecía.

La primera vez que cobré un servicio en dólares, sentí que eso era un golpe de suerte e insostenible en el tiempo.

Me costó entender que esa incomodidad no era mía. Era heredada.

No solo de Blanca, sino de todas las mujeres que me precedieron y que nunca tuvieron la oportunidad de pensar en riqueza sin culpa.

Me la pasaron sin querer, como quien pasa una receta o un dicho familiar. Pero esa transmisión también se puede cortar.

Porque si esa mentalidad se formó, también se puede transformar.

Y acá es donde quiero que te mires con honestidad.

Preguntate:

¿Qué creo que pasaría si gano mucho dinero?

¿Qué me enseñaron sobre las mujeres ricas?

¿Qué siento cuando cobro por mi trabajo?

¿Cómo me trataba cuando no tenía dinero? ¿Y cómo me trato ahora que tengo, o quiero tener, más?

Estas preguntas incomodan, pero son las que muestran dónde se esconden tus límites internos. Tus bloqueos. Y ahí, en esa grieta pequeña e invisible, empieza a entrar la luz.

Te invito a subrayar las frases que no son tuyas, sino heredadas. Eso que marcaste es lo que podés empezar a desafiar.

Como yo también desafié mis creencias en su momento. No quiero que mis hijas crezcan escondiendo sus logros, creyendo que deben elegir entre amor y dinero, o pensando que soñar en grande es un acto de soberbia.

No quiero que se adapten a lo que hay si en su corazón saben que pueden más.

La herencia emocional no es una condena. Es un punto de partida.

Podés regar esa semilla de otra forma y dejar que florezca distinto.

Blanca no tuvo la oportunidad de hacerse estas preguntas, pero me la dio a mí.

Con su fuerza, con su historia, con su amor.

Ella caminó para que yo pueda correr.

Ahorró en sobres escondidos para que yo pueda invertir con confianza.

Me mostró el miedo para que yo pueda resignificarlo en coraje.

Y sé que, donde esté, me mira con orgullo.

Porque no traiciono su legado: lo transformo.

Lo reescribo.

Por mí.

Por vos.

Por todas las Blancas.

Por las que vienen después.

Porque el dinero, al final, no solo se cuenta: también se narra, se siente y se hereda.

Y yo elijo que, en mi herencia, la abundancia no venga acompañada de culpa.

Sino de sinónimo de expansión.

Capítulo 11

La libertad empieza en tu bolsillo

Te pueden amar.

Podés estar enamorada.

Podés tener una familia que te apoya, una pareja que te respeta, una red que te sostiene.

Podés estar contenida y acompañada en cada paso.

Y aun así, necesitás tener lo tuyo.

Porque la libertad no es un plan B.

No es "por si acaso".

Es el plan A de cualquier mujer que se respeta

a sí misma.

No se trata de desconfiar de todos, de cerrarte al otro, de planear una huida, de vivir en guardia, de no aceptar lo que merecés. Se trata de que tu existencia no dependa de las acciones de otra persona.

De que vos estés bien incluso si el mundo se sacude. Porque nada es seguro, nada es eterno, nada está garantizado. Y lo único verdaderamente tuyo son las raíces que cultivás y las alas que te das.

Nos enseñaron que había que elegir: o la independencia radical, rígida, que no acepta nada de nadie; o el amor compartido que a veces implica ceder más de lo que querés.

Yo no quiero elegir.

Quiero amar y ser libre. Quiero compartir y tener mi espacio. Quiero construir en conjunto y seguir eligiéndome todos los días.

Y eso, aunque suene frío, empieza con el dinero.

El dinero no son solo billetes, cuentas, propiedades o herencias.

El dinero es poder. Es acceso. Es decisión. Es un margen de maniobra que te permite respirar cuando todo se pone difícil. Es una herramienta para alcanzar fines y cumplir sueños.

El dinero es decidir si cambiás de trabajo sin miedo a quedarte sin ingresos, si podés pagar un médico sin pedir ayuda, si podés tomarte un taxi de noche porque no querés caminar con miedo.

Igual quiero aclarar algo para que no te confundas entre tanta información que los referentes financieros suelen dar.

La independencia financiera no es lo mismo que libertad financiera. La independencia es simple: significa no depender económicamente de nadie. Que tus ingresos propios cubran tu vida sin necesitar que otro te sostenga.

La libertad financiera, en cambio, es un paso más allá. Es cuando tus ahorros e inversiones generan lo suficiente como para vivir incluso si dejás de trabajar, como si hubieras alcanzado tu propio retiro.

Por eso insisto tanto.

Cuando tenés dinero propio, elegís.

Decidís.

Ponés límites.

Te vas si no te gusta.

Te quedás porque querés, no porque necesitás.

Criás con más paz. Trabajás con más foco. Dormís con menos peso en el pecho.

Cuando no lo tenés, la libertad se convierte en un lujo. Una fantasía. Un privilegio ajeno. Una utopía que parece reservada para otras, como le pasó a Blanca.

No quiero que sea así para nosotras. No quiero que sea así para mis hijas. Por eso insisto. Por eso repito. Por eso escribo.

Porque la historia hoy es otra. Porque construir tu propio patrimonio no debería ser una opción: es una decisión vital. Aunque estés en pareja. Aunque vivas con tus padres. Aunque hoy no necesites nada. Aunque todo esté bien.

Especialmente si todo está bien. Porque la calma es el mejor terreno para construir.

No quiero que la vida te golpee. No quiero que tengas que aprender en medio del caos. Porque es más fácil construir desde la claridad que desde la urgencia, desde el amor que desde la desesperación.

Tu patrimonio no va de dinero solamente. Es una columna vertebral que te sostiene incluso cuando necesitás descanso. Es una red que tejiste vos, con paciencia, con visión, con compromiso. Es poder decirte: **Estoy para mí. Me respaldo. Si mañana todo cambia, yo me tengo.**

Blanca no tuvo patrimonio ni riqueza en dinero.

Pero tuvo una intuición y una entrega que calentaban cada sopa, que se escondían en cada canción que tarareaba. Le faltó algo, y no por falta de talento o fuerza, sino porque no le dejaron tenerlo: la certeza de poder decir: "Yo puedo sola si hace falta".

Ese "si hace falta" es la diferencia entre vivir libre o vivir condicionada.

Blanca sigue viva en muchas mujeres de hoy: en tu mamá, en tu amiga, en tu hermana, que dicen: "Aguantá un poco más", "Hacete la que no ves", "Mejor no pedir nada".

No es cobardía: es miedo.

Miedo a quedarse sin nada.

Miedo a que el costo de decir su verdad sea más alto que el dinero que tienen en el bolsillo.

Y yo no quiero transmitir ese miedo.

Quiero transmitir seguridad, calma, la certeza de que si mañana algo cambia, tenés dónde apoyarte. Que tu libertad no dependa de nadie, pero tampoco te condene a estar sola.

Quiero que mis hijas no asocien libertad con presión, ni independencia con soledad, ni poder económico con imposibilidad.

Quiero que sepan que el dinero no está peleado con el amor ni tampoco que el amor se edifica sobre dinero.

Que se puede criar con dulzura y cobrar con firmeza.

Que se puede compartir sin perderse.

Que se puede elegir quedarse o irse, siempre que sea desde el deseo y no la necesidad.

Porque tener patrimonio propio es elegir qué comés, dónde vivís, qué trabajo aceptás o rechazás.

Es poder decir "no" sin miedo a quedarte sin techo.

Es tomarte un día libre cuando el cuerpo lo pide.

Es pagar tu terapia.

Es invertir en tu negocio sin pedir permiso.

Es tomar decisiones a tu favor incluso si incomodan a otros.

No importa si hoy ganás mucho o poco. Si recién empezás o ya tenés experiencia. Lo que importa es que entiendas que la independencia se construye y se practica hasta que se vuelve parte de vos.

Ese futuro que soñás puede incluir pareja, familia, hijos. Claro que sí. Pero lo importante es que también te incluya a vos. Con nombre y apellido. Con sueños propios. Con ingresos propios. Con camino propio.

¿Querés vivir acompañada? Hermoso. ¿Querés una familia ensamblada? Genial. ¿Querés compartirlo todo? Perfecto. Pero que ese todo incluya tu libertad innegociable.

Porque el poder de una mujer libre es invaluable.

Las mujeres libres crían mujeres más fuertes. Inspiran. Crean. Abren caminos. Dan trabajo. Invierten. No se conforman con lo que hay. Y cuando construyen su patrimonio, no solo se liberan: liberan a todas las que vienen después.

Blanca no lo logró. No porque no pudiera, sino porque no le dieron las herramientas.

Yo sí puedo.

Y vos también.

No esperes a estar sola. No esperes a necesitar. No esperes a que algo se rompa. No esperes.

Actuá desde el presente, que es lo único certero.

Porque la libertad no se justifica, ni se esconde, ni se discute. La libertad se honra.

Y si algún día dudás de por qué armarte, por qué tener tus propias cuentas, por qué invertir, por qué separar lo tuyo, acordate de esto:

Nadie debería elegir por vos.

Nadie debería condicionarte con dinero.

Nadie debería tener más acceso a tu vida que vos misma.

Vos también merecés la tranquilidad de saber que, si algo pasa, no te vas a derrumbar.

Vas a tomar aire, abrir tu Excel, mirar tu cuenta y saber que estás cubierta. Porque te cubriste vos. Porque tu libertad no se negocia. Porque estás construyendo algo que ninguna crisis puede arrebatarte.

Y si llegaste hasta acá, quiero decirte algo...

Este libro lo escribí para vos y para mí.

Para mí, como acto de sanación y amor propio.

Para vos, que quizás nunca te sentiste cómoda hablando de dinero.

Para vos, que sentiste culpa por querer ganar más, por soñar en grande, por desear algo propio.

Para vos, que creíste que las finanzas eran para otros, para expertos, para ricos.

Para vos, que das todo, pero querés tener algo solo tuyo, sin explicaciones.

Lo escribí porque nos lo debíamos.

Porque no quiero que sigamos bajando la cabeza al hablar de dinero.

Porque no quiero que nadie más se achique para entrar en un sistema que nunca nos tuvo en cuenta.

Quiero que este libro sea una ventana abierta, un abrazo con coraje, un espejo que te devuelva tu poder.

Y, sobre todo, lo escribí en honor a Blanca.

Mi abuela. Mi raíz. Mi guía silenciosa.

La que no pudo elegir, pero me enseñó, sin saberlo, que yo sí podía.

Blanca trasciende cada capítulo.

Representa a todas las que no pudieron. A todas las que callaron. A todas las que sobrevivieron.

Pero también representa la semilla que hoy nos toca regar.

Este libro es mi forma de agradecerle. Y tu libertad, si la construís con amor y conciencia, también puede ser una forma de honrar a todas las Blancas que vivieron esta historia.

Su libertad me fue negada, pero en sus manos ásperas yo encontré la semilla. Hoy esa semilla germina en mí y en vos, que estás leyendo estas páginas.

Por Blanca.

Por vos.

Por todas.

Porque si nosotras cambiamos la historia, las que vengan después no tendrán que reescribirla.

Podrán vivirla desde el principio, con las manos abiertas, la cabeza en alto y la certeza de que la libertad no es un privilegio: es un derecho.

Un derecho que se ejerce todos los días. Con cada decisión. Con cada billete ganado. Con cada límite puesto. Con cada "sí" a lo que te expande y cada "no" a lo que te limita.

Seguí escribiendo tu historia. Con amor. Con números. Con conciencia. Con la certeza de que no estás sola.

Yo estoy acá.

Y Blanca, también.

Grabate a fuego: tu libertad no es un lujo.

Tu libertad no es negociable.

Tu libertad es tuya.

Y empieza hoy.

Epílogo

Escribí este libro como quien escribe un mapa. Uno que no encontré cuando lo necesité. Uno que no me dieron mis maestras, ni mi familia, ni los libros de economía.

Uno que tuviera corazón, historia, números y verdad.

Uno que me hubiera gustado que llegara a mí cuando todavía creía que hablar de dinero era de mal gusto, o de gente ambiciosa, o de ricos.

Uno que le devuelva a las mujeres lo que siempre les perteneció: el poder de decidir con libertad.

Porque la libertad es un modo de vivir. Y no empieza el día que tenés mucho. Empieza el día que decidís que merecés tener lo suficiente para elegir.

Este libro es un acto de rebeldía amorosa y de sanación intrínseca. Es una manera de decir:

- Sí, podés querer una familia y tener tu dinero propio.

- Sí, podés amar con todo el corazón y poner límites con firmeza.

- Sí, podés sostener a otros sin olvidarte de vos.

- Sí, podés ser madre, emprendedora, soñadora, inversora, profesional... Podés ser lo que desees y seguir siendo vos. Sin renuncias y sin excusas.

Este libro es también una carta abierta a cada mujer que se cansó de achicarse. Que se cansó de esperar. Que se cansó de sobrevivir. Y que un día se dijo a sí misma: "Yo también merezco vivir bien".

Pero sobre todo, este libro es para ellas:

Mis hijas.

Mi motor.

Mi horizonte.

Mi reescritura más profunda.

Hijitas, ojalá este libro les llegue algún día, cuando ya no me necesiten para caminar, pero tal vez me necesiten para recordar.

Ojalá lo abran cuando tengan dudas sobre cómo administrar su dinero, pero también cuando tengan miedo de pedir lo que valen.

Cuando quieran elegir distinto.

Cuando el mundo les diga que se callen, que se acomoden, que se conformen y ustedes sientan que por ahí no es.

Ojalá lo usen como faro.

Para no perderse.

O para encontrarse de nuevo.

Para recordar que vienen de un linaje de mujeres fuertes.

Mujeres que no lo tuvieron fácil. Pero que las soñaron libres.

Yo las soñé libres.

Libres de depender.

Libres de pedir permiso.

Libres de agachar la cabeza.

Libres de tener que elegir entre amor y autonomía, entre maternidad y propósito profesional, entre el deseo y el deber.

Y por eso me armé.

Por eso me senté a escribir.

Por eso lloré, dudé, sané y elegí tantas veces.

Porque quiero que el suelo que pisan esté un poco más firme.

Porque quiero que puedan volar sin miedo.

Porque quiero que el dinero nunca sea un obstáculo para ser quienes son.

Este libro es mi promesa. De que voy a seguir aprendiendo, creciendo, cayendo y levantándome para que ustedes tengan el ejemplo y no solo un puro discurso.

Este libro es también mi manera de dejarles una herencia distinta: ni deudas ni cuentas bancarias millonarias, sino un legado de libertad.

Ojalá sean libres.

Y si alguna vez sienten que no lo son, o que no pueden, vuelvan a estas páginas.

Porque acá estoy yo.

Y acá está Blanca.

Y acá están todas las mujeres que vinieron antes, y que en ustedes, por fin, descansan.

Escaneá este código y descargá tu Mapa de Libertad Financiera. Tu camino empieza hoy, sin excusas:

Agradecimientos

A Blanca, a mi otra abuela María Catalina y a mi bisabuela Zulma, por ser raíz y semilla.

A mis hijas, Pilar y Jazmín, que me dan el motor más grande para escribir, crear y soñar con un futuro distinto.

A mis padres, Patricia y Alberto, por dejarme siempre ser libre en mis decisiones de vida.

A mi familia, por sostenerme incluso en los días en que yo no podía sostenerme sola.

A mis amigas, que me recordaron que pedir ayuda también es fortaleza.

A mis mentores y colegas, que con su ejemplo y enseñanzas me mostraron que las mujeres podemos ocupar espacios que parecían vedados y que nunca es tarde para reescribir la historia.

A mis clientas y a todas las mujeres que me compartieron sus historias, sus dudas y sus miedos: este libro también es de ustedes.

A quienes, aun sin permanecer en mi vida ya, me dejaron aprendizajes que hoy se transforman en escritura.

Y a vos, que estás leyendo estas páginas. Gracias por animarte a entrar en esta jugada sobre dinero y libertad. Ojalá cada palabra te devuelva poder, calma y decisión.

Índice

Dedicatoria 7
Prólogo 5
Primera parte: Mi historia y la de mi linaje 9
Capítulo 1: La herencia invisible 11
Capítulo 2: Las elecciones que marcaron mi camino 21
Capítulo 3: Maternar con números en la cabeza 29
Segunda parte: El método de los 6 pasos para lograr independencia financiera 37
Capítulo 4: El ahorro extremo no te salva, te condena 39
Capítulo 5: Tenés dinero ¿y ahora qué? 47
Capítulo 6: Adiós deudas, hasta nunca 57
Capítulo 7: El colchón sobre el cual descanses 65
Capítulo 8: Wall Street no está tan lejos 71
Capítulo 9: Vivir no es gastar, es multiplicar 81
Tercera parte: Tu relación con el dinero (y con vos misma) 87
Capítulo 10: Lo que heredás en tu mente también se reescribe 89
Capítulo 11: La libertad empieza en tu bolsillo 95
Epílogo 103

www.ingramcontent.com/pod-product-compliance
Lightning Source LLC
LaVergne TN
LVHW010826051026
849532LV00007B/2624
* 9 7 8 9 8 7 7 5 8 8 5 8 3 *